법원경매!
시세조사 입떼기

| 도기안 지음 |

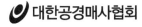

대한공경매사협회

법원경매! 시세조사 입떼기

지 은 이 도기안
펴 낸 이 도기안
펴 낸 곳 대한공경매사협회
출판등록 제320-2008-37호(2008. 6. 13)
인 쇄 처 진흥인쇄랜드

초판 인쇄 2018년 9월 3일
초판 발행 2018년 9월 7일

주   소 서울 관악구 남부순환로1679 조은빌딩2층
전   화 02.888.5704
대한공경매사협회 kobid.co.kr
킹왕짱옥션 kwz.co.kr

ISBN 978-89-961279-8-7 93360
값 20,000원

ⓒ 도기안

최단기간! 최대효과!
SPAREDU(스파레쥬)

kobid.co.kr
02.888.5704

도기안협회장에게 직접 배우는!
명실상부한 최고의 경매훈련 프로그램!

평생직장이 사라진 이 시대에 강력한 재테크없이 부자로 살 수 있을까요?
돈도 벌고 싶고, 한가하게 살고 싶지만 그 꿈이 실현되는 곳은 거의 없습니다.
오직! 부동산의 도매시장인 법원경매와 공매시장에서만 가능한 이야기입니다.

경매투자는 대체로 원금이 보장되며 '재수'보다는 '능력'으로 돈을 법니다.
협회는 단기간에 경매실력을 쑥! 올릴 수 있는 만능공부법을 개발했습니다.
스파레쥬는 '실전경매기법' 과 '마인드개조' 둘 다 잡는 확실한 공부법입니다.

 이런 분들, 공부를 서두르세요!

- 월세받는 건물주가 꿈인 직장인들
- 평생 돈 걱정 없이 살고 싶은 분들
- 경매용어도 모르는 경매 쌩보초들
- 경제적해방을 꿈꾸는 모든 사람들

 스파레쥬 교육생을 위한 특전!

- 무료제공! 스파레쥬 기본서
- 무료제공! 짠돌이 수익률표
- 무료제공! 월 2회 유튜브 Live 보충학습
- 무료제공! 스파레쥬 숙박비용/식사비용
- 무료제공! 스파레쥬 T-셔츠/고급타월/개인용컵
- 유료제공! 서울본사 STUDY ROOM
- 유료제공! 스파레쥬 졸업증서/졸업앨범

#스터디룸 이용료: 시간당 5000원 / 졸업증서와 졸업앨범은 표준형과 저가형 중 택1

스파레쥬(SPAREDU) 교육과정

#본과정은 실제 교육과정 중 임의변경 될 수 있습니다!
#본과정은 대한공경매사협회의 지적재산이므로, 무단도용은 금지됩니다!

교육과정	교육내용
사전학습	KaKao단체방 및 ClassRoom 킹왕짱옥션 물건검색 시작 시세조사 입떼기 숙독하기 PT스파레쥬전용 공부시작 PT스파레쥬 오리엔테이션 #스파레쥬 예비실력평가(스파레쥬이해도)#
중간과제	[개인미션]입소전까지 1회독훈련실시
입소1일	자기소개/교육안내 우량물건검색훈련 이론 우량물건검색훈련 실제 [궁금증해결]권리분석/물건분석
입소2일	우량물건검색훈련 실제 물건검색 시나리오훈련 조사포인트 잡기훈련 중개업소정보 수집 #스파레쥬 1차실력평가(우량물건검색훈련)#
중간과제	[개인미션]시세조사훈련(매일2건)
입소3일	시세조사 입떼기 훈련 선정물건 단기기억훈련 / 선정물건 조사포인트 잡기훈련 선정물건 조사세팅훈련 / 시세조사과 시세분석훈련 이론 시세조사 시나리오훈련 / 시세조사용 질문조사법 훈련
중간과제	[팀별미션]시세조사리포트 제출
입소4일	시세조사/시세분석 동영상감상 TEAM미션평가:시세조사리포트 #스파레쥬 2차실력평가(시세조사분석훈련)#
입소5일	현장조사훈련 수익률표 작성훈련 TEAM미션평가:시세조사리포트
중간과제	[졸업미션]개인별 시세조사리포트 작성
입소6일	#스파레쥬 3차실력평가(현장조사훈련/수익률표훈련)# 낙찰가격결정훈련 [졸업미션]마감하기
입소7일	즐거운명도 이론 즐거운명도 훈련 전과정 질의응답 졸업!! (졸업후에도 PT스파레쥬 보충학습 수강가능!)

스파레쥬 교육전 가져야 할 마음가짐

안녕하세요! 도기안입니다. 스파레쥬에 대한 상담을 받으시거나 입소를 결정하셨나요? 이렇게 만나게 되어 반갑습니다. 대한공경매사협회는 2006년에 설립되어 지금까지 독특한 실무중심교육으로 성장했습니다. 전국학원이 권리분석에 목을 맬때, 협회는 '실전이 아니면 다 필요없다!', '돈을 벌지 못하는 공부는 해서 뭣하냐?'라는 **냉철한 현실감각으로 최단기간에 최대효과를 낼 수 있는 실무교육을 진행**해 왔습니다.

돈을 벌고 사는 것은 인생의 목표 중 제일 중요한 자리를 차지하고 있습니다. 순진하던 어린 시절엔 '돈이 뭐가 중요하지?' 라는 생각도 했을 겁니다. 그리고 직장생활에 매몰되어 살아가는 중에도 '돈이 뭐가 중요하지? 나 같은 사람도 돈을 벌 수 있을까? 잘못하면 있던 돈도 날리는데... 가늘고 길게 살다 가지 뭐...'라는 생각도 했을 겁니다.

하지만, 조용한 곳에서 조금만 깊이 생각해보면!! 돈이 행복의 중심이라는 것을 알게 되며, 돈은 절대로 우연히 생기지 않는다는 것도 알게 됩니다. **돈은 일정한 법칙에 의해서 벌어집니다. 그 법칙을 모르면, 실패하게 됩니다.** 다들 부자로 살고 싶지만, 소수만 부자인 이유를 곰곰이 생각해보십시오. 우선 법원경매는 잘 잡으신 겁니다.

경매는 부동산의 도매시장이므로 내 실력에 따라서 시세차익과 월세수입을 벌 수 있는 굉장히 매력적인 투자처입니다. 다만, 법률도 알아야 하고, 말도 잘해야 하고, 눈치코치도 빨라야 하고, 배짱도 두둑해야 하며, 사업가적인 기질도 있어야 합니다. 이런 다양한 요건을 충족시키는 공부를 해야만 경매를 잘하겠지요?

협회는 경매투자로 성공해서 부자가 되기 위한 조건으로 위에 예를 든 모든 것을 배양해야만 가능할 것이라고 판단했습니다. 그래서 개발한 것이 스파레쥬입니다. 애초에 부자란 '내가 부자 될 기질을 갖고 있어야 가능'합니다. 부자 될 원소가 전무한데, 어떻게 부자가 되겠습니까?

우선!!
여러분에게 잠재되어 있는 부자되고 싶은 열정과 부자 될 기질과 재능을 일깨워야 하며 그와 동시에 도매시장인 경매투자를 만나 공부한다면!! 직장생활을 10년동안 하더라도 모으지 못한 돈을 쉽게 벌 수도 있습니다. 이것은 기적이 아니며, 매우 평범한 현실입니다.

이것을 믿으세요!!
사람에 따라서는 빨리! 조금 늦게! 이뤄지지만, 그러기 위해서는 기본적으로 무조건!! 꾸준히!! 해야만 하는 것입니다. 좋은 생각과 습관을 1일동안 꾸준히 지내면 12일이 달라지고, 12일을 잘 지내면 45일이 달라지고, 45일을 잘 지내면 1년이 달라지고, 1년을 잘 지내면 5년이 달라지고, 5년을 잘 지내면 40년이 달라진다고 합니다.

스파레쥬는 45일 내지는 그 이상의 기간동안 노력을 함께 하도록 구성된 프로그램입니다. 그러므로, 최하 여러분의 1년은 달라지게끔 하는 프로그램이 되는 셈이죠. 여러분의 자체 힘으로! 인생을 바꾸는 중대한 노력을 하는 시점에 대단한 각오를 하시기 바랍니다.

대한공경매사협회 도기안

도기안의 경매왕!
유튜브 **LIVE** 방송!

도기안의 경매왕! 채널을 구독하시면, **실시간 알람**을 받고 **편하게 공부**하실 수 있습니다!

언제 어디서든! 편하게 경매공부하자!
시간/공간 제약을 전혀 받지 않는 신개념 교육방송!

 ## 부담없이, 바로 경매공부를 시작하세요!!

- 경매를 배우고 싶은 직장인
- 제2의 인생을 시작하고 싶은 분
- 경매를 평생직장으로 삼길 원하는 분
- 추가수입을 위한 재테크수단을 잡고 싶은 분
- 불안한 노후에 대한 걱정으로 잠 못 이루는 분
- 거리가 멀어서 제대로 된 곳에서 배우지 못한 분
- 평생투자를 통해 안정된 노후를 보장받고 싶으신 분
- 출퇴근시간! 자기계발을 통해 자신의 가치를 높이고자 하는 분
- 일자리 감소에 대한 불안을 떨치고, 평생직업을 가지고 싶은 직장인

 ## 유튜브 Live교육방송은 이 점이 좋습니다.

- 강의실까지 이동시간과 교통비용이 들지 않습니다.
- 교육 중 궁금한 점은 언제든지 질문하여 답변을 얻을 수 있습니다.
- 실제 교육처럼 인간관계나 협회와의 유대감이 증폭될 수 있습니다.
- 일정조율 후 교육하기 때문에 편한 시간대에 교육받을 수 있습니다.
- 교육링크를 5일간 유지하기 때문에 반복시청으로 실력이 쌓입니다.
- 실제 교육하는 것처럼 즉시 질문하고 즉시 답변을 들을 수 있습니다.
- 출퇴근시간! 점심시간! 반복시청으로 시간을 알차게 보낼 수 있습니다.
- 같은 고민을 가진 교육생들과의 지속적인 소통을 통한 공조가 가능합니다.

해당강의

PT스파레쥬 OT/PT스파레쥬 보충수업/경매초보탈출/핵심권리분석/핵심판례분석

#교육신청은 협회홈페이지(kobid.co.kr)에서 하실 수 있습니다.

경매검색과 교육을 한번에!
킹왕짱옥션 kwz.co.kr
02.888.5704

고수익 경매투자를 노리는 분들을 위한 철저한 맞춤형 경매검색사이트!
대한공경매사협회의 교육과 투자 노하우가 응축된 경매검색사이트!

 내 돈으로 얼마벌지?
초간단수익률표!

 경매투자! 모든것을
다해주는 다해조센터!

 최단시간! 최다검색!
보기편한 정보배열!

 무료제공! 60강!
핵심권리분석!

 무료제공! 수많은
고퀄리티 실무영상

 한눈에 들어오는
시원시원한 화면구성!

전국연간 유료회원에게 드리는 혜택!
· 매년! 결제시 8만원 상당 럭키박스 선물제공! (행오버조스1박스/추억의 사진액자)
· 매월1회, 킹왕짱세미나 우선 참여기회 제공!
· 알짜배기 경매교육 동영상 무료제공!
· 권리분석 경매교육 동영상 무료제공! (60강)
· 물건검색과 동시에 수익률을 따져볼 수 있는 수익률표 무료제공!

시세조사입떼기 서평 EVENT

법원경매의 90%는 말로합니다! 제대로 듣고보고, 기억하며 표현하는 능력을 키우면 경매가 쉽게느껴집니다. 당신을 경매성공의 길로 안내할 '법원경매! 시세조사 입떼기'를 읽고 100% 당첨 이벤트에 참여하세요!

서평실행 미션
• 자신의 SNS 또는 온라인 서점 서평란에 감상평을 남기신 후 **킹왕짱옥션 > 다해조센터 > (분류)건의/제안**으로 서평을 남긴 위치의 링크와 원하시는 완료 선물 지역권(하단참고)을 함께 남겨주세요!
　- SNS채널은 페이스북, 인스타그램, 트위터, 블로그에 해당합니다.

• SNS 게시물에는 반드시 해시태그 **#도기안 #경매왕 #부자마인드 #법원경매 #경매도서 #킹왕짱옥션**을 모두 기입해 주셔야합니다!

서평완료 선물
5만원상당의 킹왕짱옥션 지역권 한달 무료체험권
1. 서울/수도권　　2. 충청/강원권　　3. 전라권　　4. 경상권 중 **택일**

*킹왕짱옥션 다해조센터 게시글 작성 시 킹왕짱옥션 회원가입 후 작성가능합니다.

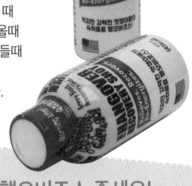

C·O·N·T·E·N·T·S

시세조사 입떼기를 시작하며

1부. 시세조사 입떼기 이론

1장. 경매투자 6단계 과정 중 제일 어려운 것은 '시세조사훈련' · 11

1. 경매투자를 잘하려면 한가지 기술에만 매여선 안된다. · 11
2. 경매투자를 잘하려면 우선 경매투자과정을 잘 알아야 한다. · 13
3. 경매투자과정 6단계를 찬찬히 살펴볼까요? · 15
4. 경매의 편견을 깨는 것보다 시세조사를 잘하는 것이
   더 어려운 이유는? · 18

2장. 경매투자 6단계 과정 중 제일 중요한 것은 '시세조사훈련' · 21

1. 시세조사는 낙찰가산정의 기준이다. · 21
2. 정수기처럼 허위정보를 걸러내는 능력을 키워야 한다. · 23
3. 중개업소의 말을 맹신하는 '노예근성'을 버려야 한다. · 26
4. 유사매물을 찾고자 하나, 유사매물을 찾아도 무슨 말인지 모른다. · 30

3장. 그렇다면, 경매투자자들이 시세조사를 못하는 이유는 뭘까요? · 33

1. 경매하수들은 대체로 '컴퓨터 사용능력'이 떨어진다. · 33

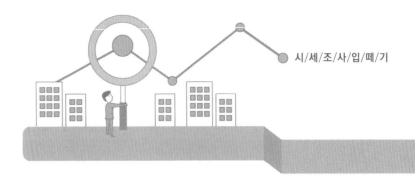

시/세/조/사/입/떼/기

2. 경매하수들은 시세조사를 함에 있어서 '스피드'의 중요성을 모른다. • 36
3. 경매하수들은 본질을 캐취하지 못하고
   수박 겉핥는 사고방식을 가졌다. • 38
4. 경매하수들은 공감지각능력이 떨어지며 자신만의 세계에 빠져있다. • 41
5. 경매하수들은 책과 영화, 인터넷 등 다양한 매체를 자주 접하지
   않는다. • 45
6. 경매하수들은 집, 학교, 직장 어디에서도 '말'의 중요성을 배우지 못했다. • 48
7. 경매하수들은 생전에 '조사'라는 것을 해보지 않은 아마추어들이다. • 53

4장. 시세조사를 잘하려면 어떻게 해야 할까? • 56
  1. 시세조사를 잘하려면 강력계형사처럼 의심하는 습관을 들여야 한다. • 56
  2. 시세조사를 잘하려면 시시콜콜하게 적는 습관을 들여야 한다. • 58
  3. 시세조사를 잘하려면, 강력한 기억력을 키워야 한다. • 61
  4. 시세조사를 잘하려면, '효율성'의 가치를 깨달아야 한다. • 63
  5. 시세조사를 잘하려면 시세조사훈련을 쉬지 말고 해야 한다. • 68

5장. 시세조사를 잘못하는 사람은 이런 성격 이다. • 69
  1. 시세조사를 잘못하는 사람은 판단력이 떨어진다. • 69
  2. 시세조사를 잘못하는 사람은 남들이 다 보는 뻔한 것도 보지
     못한다. • 72

C·O·N·T·E·N·T·S

3. 시세조사를 잘못하는 사람은 초기엔 소심하다가 나중엔 뻔뻔해 진다. • 75

6장. 잘 쓰여진 시세조사 리포트의 특징을 볼까요? • 77

1. 잘 쓰여진 시세조사 리포트는 한 권의 책자여야 한다. • 77
2. 잘 쓰여진 시세조사 리포트는 읽고 난 후 속이 시원해진다. • 80
3. 잘 쓰여진 시세조사 리포트는 읽고 난 후 소설책처럼 재밌다. • 82
4. 잘 쓰여진 시세조사 리포트는 이리저리 살펴봐도 흠이 없다. • 84

7장. 다른 무엇보다도, 시세조사 리포트를 잘 써야한다. • 86

1. 정교한 시세조사 리포트에 담겨야 할 몇가지! • 86
2. '나부나부'에 담겨야 필수요소는 바로! 뉘앙스! • 88
3. 뉘앙스를 잘 파악하려면 뉘앙스를 적는 연습을 해야 한다. • 90
4. 경매물건 주변에 나온 유사매물을 잘 모아야 한다. • 92
5. 스스로 냉정한 '시세심판관'이 되어야 한다. • 94

2부. 시세조사 입떼기 훈련

1장. 시세조사 입떼기 훈련에 들어가기 전에 알아둬야 할 내용들!! • 99

1. 제일 먼저, '시세조사 입떼기 이론'을 암기하고 이해해야 한다. • 99
2. 시세조사 입떼기 훈련은 이해가 안되도, 무조건 따라야 한다. • 100

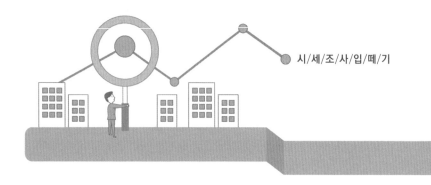

시/세/조/사/입/떼/기

3. 평소 하는 말과 시세조사 시 하는 말은 엄연히 다르다. · 102
4. 말을 잘하는 것은 지식보다는 '성격의 문제'이다. · 104
5. 말을 잘한다는 표현에는 '부드러운 표정'이 포함되어 있다. · 107
6. 말하면서 상대방이 '내 말을 이해하고 있는 걸까?'를 생각해야 한다. · 110
7. 검증되고 세련된 '시세조사기법'을 배우고 익혀야 한다. · 111
8. 시세조사기법은 '성공으로 가는 필수능력!' · 113

2장. 제대로 듣고보기 훈련 · 117

1. 상대방의 '표정과 언어 그리고 마음'까지 알아채야만
   제대로 된 말을 한다. · 117
2. 제대로 듣기 훈련 · 120
   – '소리'와 '느낌' 2가지를 들어야 한다. · 120
   – '소리'를 듣고 적을 수 있어야 한다. · 121
   – '느낌'도 듣고 적을 수 있어야 한다. · 123
3. 제대로 보기 훈련 · 126
   – 제대로 본다는 것은 '제대로 이해한다는 것'과 같다. · 126
   – 제대로 보는 힘은 '오판하지 않겠다!'는 의지의 결과물이다. · 128
   – 제대로 봐야 하는 이유는 '후회가 없어야 하기 때문'이다. · 130
4. 제대로 듣고보는 힘 키우는 훈련 · 132

C·O·N·T·E·N·T·S

3장. 제대로 기억하기 훈련 · 137

　1. 제대로 기억하기 위한 조건 · 137
　　– 기억력을 키우려면 '마음집중'을 최우선으로 해야 한다. · 137
　　– 기억해야 할 대상인 '핵심정보'를 즉시 구별할 줄 알아야 한다. · 138
　　– 시간이 갈수록 희미해지는 기억! 결국 '명확하게 적어야 한다.' · 140
　　– 수집되는 정보는 '듣는 즉시' 적어야 한다. · 143
　　– 수집된 정보는 '과거, 현재, 미래 시점 별로 구분해서 기억해야 한다. · 144
　2. 제대로 기억하는 힘 키우는 훈련 · 146

4장. 제대로 표현하기 훈련 · 152

　1. 제대로 표현하기 위한 조건 · 152
　　– 벽 두께가 1미터가 넘는 두꺼운 '저장창고'를 만들어야 한다. · 152
　　– '저장창고'를 마치 '국립중앙도서관'처럼 생각해야 한다. · 154
　　– 시점 별로! 구분하여 배열한다. · 156
　　– 관점 별로! 구분하여 배열한다. · 158
　2. 제대로 표현하기의 의미 · 159
　　– 제대로 표현하기는 '제대로 안 후'에 비로소 가능하다. · 159
　　– 내가 지금 무슨 말을 하고 싶은가?를 먼저 결정하라! · 161
　　– 6하원칙에 맞춰서 합리적으로 표현하라! · 162
　　– 제대로 표현하기 위해서는 '음성이 뚜렷'해야 한다. · 164

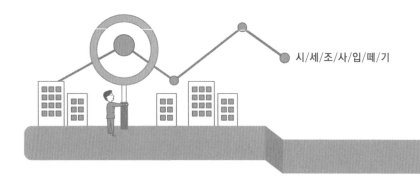

시/세/조/사/입/떼/기

　　－ 자신이 표현하는 말에 '생동감을 부여'하라! · 166
　　3. 제대로 표현하는 힘 키우는 훈련 · 169

3부. 시세조사 입떼기 결론

　　1장. 경매투자는 '과학적, 체계적, 합리적'이어야 한다. · 180
　　2장. 시세조사를 못하면, 낙찰가격을 쓸 때 어물쩍거린다. · 182
　　3장. 실전!! 경매투자의 90%는 '말이다. · 185
　　4장. 고수가 되기 전까지는 법원경매 한 우물만 파라! · 187
　　5장. 말하는 것은 '경매투자자의 기본 능력 중 일부'일 뿐이다. · 189

4부. 글로 읽어 보는 도기안 특강

　　1장. 말의 '무게중심'을 상대방에게 두라!! · 195
　　2장. 경매성공비결, 첫째는 경매의 본질 파악! 둘째는 실전추구! · 201

시세조사 입떼기를
시작하며

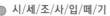

시세조사 입떼기를
시작하며

'시세조사 입떼기'에서는 경매투자를 오래 했어도 실력이 좀처럼 늘지 않은 분들에게 필요한 여러 가지 훈련법을 제시했습니다.

여러분들이 경매고수가 되려면, 시세조사능력과 시세분석능력을 배양해야 합니다. 시세조사능력을 키우기 위한 방법은 제대로 듣고보기 훈련, 제대로 기억하기 훈련, 제대로 감정신기 훈련, 제대로 마음신기 훈련, 제대로 궁금하기 훈련 등 총 6가지가 있습니다.

이 책에서는 총 3가지만 공개하겠습니다.

이미 경매투자 경험이 있는 투자자 여러분!
이제 경매를 재테크 수단으로 시작하려는 **경매초보 여러분!**

저의 경우 경매투자를 시작할 때부터 '오직, 이 길만이 내가 살 길이다!' 라고 생각했었습니다. 오직 경매고수가 되기 위한 일념을 갖고, 깊고 진지한 노력을 했었습니다. 단 한번의 경매투자 속에서, 최대한 '경매의 숨겨진 진실'을 캐내고자 했었고, 돌발적인 상황에 대처하는 능력도 키우려고 노력 했었습니다.

아마도, 이런 노력때문에 경매투자에서 단기간에 큰 수익을 올렸고, 부동산의 미래를 내다볼 수있는 선견지명도 얻게 되었습니다. 부동산 투자를 하다보면 '미래를 내다보는 능력'이 매우 중요함을 알 수 있습니다. 화가라면 누구나 그림을 그릴 수 있지만, 그림 속에 일반인들이 보지 못하는 세계를 담아 내야만 비로소 유명화가가 되며, 가수라면 누구나 노래를 부르지만 노래 속에 감정을 절절이 실어낼 수 있어야 유명가수가 되듯이 말이죠.

부동산 투자는 돈만 들고 있는 사람이라면 누구나 할 수 있는 것입니다. 경매라고 예외는 아닙니다. 하지만, 경매투자를 통해서 인격을 실현하고 평생을 두고 재테크 수단으로 정착시키는 사람은 극히 드뭅니다. 그 이유는 앞서 예를 든 화가나 가수처럼 누구나 그림을 그리고 노래를 하지만, 평생 화가가 되거나 가수가 되어서 성공하는 사람이 드문 것과 같은 이치입니다.

경매투자는 정신세계와 분리될 수 없습니다.

경매공부를 시작하는 사람이면 누구나! 제일 먼저 손대는 것이 권리분석 입니다. 누구 한 명 빠지지 않고 흔히들 선택하는 공부 코스입니다. 그렇다면, 권리분석을 다 알고나면 경매의 길이 보일까요? 절대 그렇지 않습니다. 아마도 권리분석 공부를 마친 후, 알 수 없는 허전한 마음에 힘들어 하는 사람들도 부지기수일 겁니다.

권리분석 지식이 꼭 필요한 것은 사실이지만, 그렇다고 제일 중요한 것은 아닙니다. 아마도 꼭 필요한 요소로 줄을 세우면 5번째나 그 이후에 권리분석이 서 있을 겁니다. 결국 실전경매에서 권리분석은 경매투자의 5%밖에 안됩니다.

만일, 이 책을 접하면서 '권리분석이 5%정도 밖에 안되었다고??'하며 놀라는 사람이 있다면 아직 경매투자로 큰 성과를 보지 못한 사람일 겁니다. 실제 경매투자를 하다보면, '정신집중의 놀라운 힘'을 발견하게 되고 '흔들리지 않는 마음'을 갖추는 것이 훨씬 더 중요한 일임도 알게 됩니다. 경매투자는 여러분의 지적능력과 영적능력을 고취시키는 정말 보기 드문 길이란 점을 꼭 기억하세요.

경매투자자들이 가장 힘들어하는 경매파트는
'시세조사' 그리고 '명도' 입니다.

모든 경매투자자들이 가장 힘들어 하고, 가장 피곤해 하며, 가장 두려워 하는 것이 바로 이 2가지 파트입니다. 이 2가지 파트는 오로지 한 가지 기술로 해결됩니다. 그것은! 바로 '말'입니다. 2가지 모두! 말로 하는 것이며, 대화의 상대방이 존재하는 것입니다. 그러므로, 말을 잘하기만 하면 또, 놀랄만큼 너무 쉬운 것이 경매투자입니다.

결국 우리가 어려서 부터 성인이 된 후까지, 바로 지금까지 사용하고 있는 '말'이라는 도구를 통해서 우리는 돈을 벌 수 있으며 더 높은 경매고수가 될 수도 있는 겁니다. 어찌보면 말을 잘하는 사람들에게는 돈벌기 쉬운 재테크가 경매투자이기도 합니다. 아마 여러분은 '말이란 것이 그렇게 중요한 것이었어?'하면 놀랄지도 모릅니다.

그러나, 말을 잘못해서 패가망신하는 정치인과 비아냥 거리는 말때문에 나는 살인사건을 생각해보면 충분히 말의 중요성을 인식하고도 남습니다. 옛말에 세치혀를 조심하라고 한 것을 봐도 늘 말을 잘해야 인생이 편하다는 것을 충분히 알 수 있습니다.

저는 이 책에서 시세조사의 중요성을 여러분에게 간접적으로 알리고, 시세조사의 기본이 되는, '말을 잘하는 법'에 대해서 과학적, 체계적으로 분석했습니다. 저는 늘, 경매를 잘하려면 '경매형인간'이 되어야 한다고 주장합니다. 경매형인간이란? '경매투자에 최적화된 인간'을 말하는 겁니다.

예를들어, 합리적인 사고방식과 끈질기게 탐구하는 능력을 가진 사람이어야 과학자에 적합합니다. 과학적이고 논리적인 사고방식이 강한 사람은 과학자는 될지언정 오히려 시인이 되기는 어려울지도 모릅니다. 시인에게는 좀 더 감성적인 면이 더 중요하니까요. 마찬가지로, 경매투자는 경매투자에 적합한 성격을 가지고 있어야만 더 쉽게 성공합니다. 제가 판단컨대, '경매형인간'은 매우 드뭅니다.

제가 겪어 본 법원경매투자는 이러이러한 성격과 재능을 갖춘 사람이라면 반드시 성공할 수밖에 없다고 판단하는 재능이 있습니다. 그 재능이 바로 말을 잘하는 재능인데요. 그 재능을 발현시키고 잠재능력을 키울 수 있는 이론과 훈련프로그램 몇 가지를 이 책에 썼습니다.

본 책자에서는 '시세조사'와 '명도'가 어렵다고 여기는 분들을 위해서 가장 기초적인 훈련프로그램을 소개합니다.

더 깊은 경매실무를 맛 보시려면 대한공경매사협회의 PT스파
레쥬 과정을 추천합니다.

　　본 교재를 읽고 또 읽어서 경매투자에 자신감을 얻으시고, 평
생 맘 편히 살 수 있는 길을 찾아 보시기 바랍니다.

대한공경매사협회 **도기안**

1부. 시세조사 입떼기 이론

경매투자 6단계 과정 중 제일 어려운 것은 '시세조사훈련'
경매투자 6단계 과정 중 제일 중요한 것은 '시세조사훈련'
그렇다면, 경매투자자들이 시세조사를 못하는 이유는 뭘까요?
시세조사를 잘하려면 어떻게 해야 할까?
시세조사를 잘못하는 사람은 이런 성격이다.
잘 쓰여진 시세조사 리포트의 특징을 볼까요?
다른 무엇보다도, 시세조사 리포트를 잘 써야한다.

1부. 시세조사 입떼기 이론

1장. 경매투자 6단계 과정 중 제일 어려운 것은 '시세조사훈련'

1. 경매투자를 잘하려면 한가지 기술에만 매여선 안된다.

법원경매를 잘하고 싶으시죠? 어떻게 하면 경매투자를 잘할 수 있을까요? 의욕이 넘치고 부지런히 돌아다니면 잘할 수 있을까요? 변호사, 법무사, 공인중개사 같은 자격사들이라면 역시 경매투자를 잘할 수 있을까요? 간혹, 이런 전문 자격사들이 경매고수일 것이라고 착각하는 사람들도 있습니다.

하지만, 조금만 생각해보면 절대 그렇지 않다는 것을 쉽게 알 수 있습니다. 변호사, 법무사, 공인중개사들 중 실제로 경매투자를 하거나 경매컨설팅을 하고 있는 업소는 거의 없다고 할 수 있습니다. 왜 그럴까요? 경매컨설팅을 할 수 있는 능력도 있고, 결과적으로 돈을 벌 수도 있다면? 왜 경매투자를 하지 않은 업소가 훨씬 더 많을지 생각해 보면 뭔가 다른 이유가 있겠구나!라고 추측해내야 합니다. 아마도, 경매투자나 경매컨설팅에는 단순한 법지식 그 이상의 무엇이 필요하겠구나..라는 정도의 생각이 들 겁니다.

경매쌩초보들은 '나도 경매투자를 잘할 수 있을까?'라는 막연한 생각에 솔직히 자신감이 별로 없습니다. 그리고 경매투자 경험이 많은 사람들은 남들 앞에서는 '나는 경매경험이 벌써 10년째야.'라고 하면서도 속으로는 '솔직히 경매투자는 이제 한 물 갔어, 사실 경매투자종목을 다르게 하면 투자하기도 겁도 나고 자신감도 없어.'라고 생각합니다.[1]

만일 경매투자를 시작한지 10년씩 이나 되는데도, 부자도 아니고 그다지 투자 성과도 좋지 않다면, 경매실력은 30점 수준을 벗어나지 못한 겁니다. 아마도 한두 건 해봤던 방식대로 반복적으로 경매투자를 하고 있을 겁니다. 마치 컴퓨터 조립공장에서 근무하는 사람이 반복적으로 한 가지 동작만 하는 것처럼 말이죠. 전체적인 그림을 보지 못한 채 극히 일부분만 반복적으로 하다보면 당연히 큰 성과를 보기 어렵죠.

예를 들어, 축구만 봐도 그렇습니다. 축구를 잘한다는 말은 단순히 공을 멀리 차거나 세게 차는 것을 말하지 않습니다. 축구를 잘하는 선수는 상대선수의 볼을 뺏는 능력도 키워야 하고,

---

1) 경매투자에서 제일 나쁜 버릇이 투자종목을 한정짓는 것입니다. 아파트를 선호하는 사람은 빌라를, 빌라를 선호하는 사람은 상가투자를 두려워하고 엄청난 벽이 서있는 것처럼 느낍니다.

뺏은 볼을 우리선수에게 패스도 해줘야 하고, 패스받은 공으로 숫을 때릴 줄도 알아야 합니다.2)

마치, 훌륭한 축구선수가 되려면, 단지 공만 차는 실력이 아닌 경기를 읽을 줄 아는 능력과 상황에 맞는 볼 배급을 잘하는 능력, 상대선수를 교란시키는 능력 등등 여러가지 능력들이 숙달되어야 하듯이, 훌륭한 경매투자자가 되려면 경매투자 단계에서 필요한 여러가지 재능을 더불어 동시에 키워나가야 합니다.

이 세상은 한 가지 기술만으로는 성공할 수 없다는 것을 일찍 눈치채고 경매투자에서 필요한 여러가지 능력이 무엇인지 빨리 파악한 후 반복훈련을 해야만 합니다. 이 말을 듣고서도 한 가지 기술에만 목을 매면 실패의 문으로 뛰어 들어가는 모양새가 됨을 알아야 하겠습니다.

2. 경매투자를 잘하려면 우선 경매투자과정을 잘 알아야 한다.3)

경매투자를 하다보면, 자연스럽게 몇가지 단계를 거치게 됩니다.4) 사실, 경매투자 고수가 되고 싶어도 어디서부터 어디까

---

2) 모든 스포츠가 그렇습니다. 재능있고 고액연봉받는 선수일수록, 다양한 능력을 원래 갖추고 있거나, 부지런히 훈련함으로써 기술을 자기 것으로 만듭니다.
3) 경매투자과정을 시간대별로 생각해보세요. 시간순서대로 살펴보면 무엇이 더 중요한 것인지 즉시 알 수 있습니다.
4) 미국이 전세계의 최강국인 이유 중 하나는, 매뉴얼을 잘 만든다는 겁니다. 대기업

지 공부해야 하는 것인지? 경매공부를 하는 중 어떤 단계가 존재하는 것인지? 너무 알려져 있지 않습니다. 그러다보니, 경매를 처음 입문할 때는 누구나 답답한 마음을 갖게 마련이죠.

인터넷을 뒤져 봐도, 어느 유명 카페를 들어가봐도, 조각조각 나눠진 지식들의 나열만 있을 뿐 큰 그림을 보여주는 곳은 어디서도 찾아볼 수 없습니다. 그래서 통상 경매공부를 시작하면, 집에서 가까운 학원을 등록한 후 권리분석을 우선 배우기 시작합니다. 그 후 학원에서 만난 선생 아니면 동료들과 법원에 입찰 체험을 하러 갑니다.

좀 더 나가서 경매물건도 한 번 보러 갑니다. 그 후 막연한 마음을 갖고 입찰가격을 결정합니다. 그러다보니, 때로는 소극적으로 때로는 너무 오버해서 투자를 망쳐버립니다. 전국에 거의 대다수 투자자들이 다 이런 식입니다. 검증되고 공인된 경매 접근방식이 없기 때문에 나타나는 어쩔 수 없는 현실인지도 모릅니다.

하다못해 탁구를 배워도 라켓 잡는 법, 휘두르는 법이 각기 따로 존재하고 그 기술들을 어떤 시점에 어떻게 사용해야 하는지도 배우게 됩니다. 모든 운동들이 다 그렇습니다. 그렇게 배

생산공장에서는 철저히 매뉴얼대로, 순서대로, 공정대로 세분화되어 작업합니다. 그래야만, 최단시간에 최대효과를 낼 수 있습니다. 법원경매도 매뉴얼이 있습니다. 그 매뉴얼이 있어야만, 경매쌩초보도 손쉽게 배울 수 있게 됩니다. 매뉴얼이 없다면, 학원에서 아무리 가르쳐도 학생은 경매투자를 하기 매우 어렵습니다.

우기 때문에, 정해진 단계별로 기술을 습득하고 배워나가다보면 어느 순간 고수가 되어 있음을 알게되죠.

그런데, 법원경매투자에서는 그런 단계를 도무지 찾아보기 힘든 것이 현실입니다. 하지만, 대한공경매사협회는 20여년 가까운 세월동안 법원경매 투자과정을 낱낱이 쪼개고, 단계별 훈련프로그램을 세분화했습니다. 이 단계는 사실 신비한 것도 아니고, 감춰진 것도 아닙니다. 여러분들이 경매투자를 단 한번만 해보면, 부지불식간에 이 단계들을 거치고 있는 것을 쉽게 알 수 있습니다.[5]

3. 경매투자과정 6단계를 찬찬히 살펴볼까요?

경매투자과정은 앞서도 언급했지만,

- ‣ 1단계 – 우량물건검색훈련
- ‣ 2단계 – 시세조사분석훈련
- ‣ 3단계 – 현장조사분석훈련
- ‣ 4단계 – 수익률표작성훈련
- ‣ 5단계 – 낙찰가격결정훈련
- ‣ 6단계 – 즐거운명도훈련

---

5) 정말 단 한 번만 투자를 해봐도 즉시 알 수 있는 간단한 단계임에도 이런 단계를 구분해서 지도하는 경매학원과 평생교육원을 본 적이 없습니다. 우리는 어떤 현상을 통으로 볼 경우, 잘 보지 못할 때가 많습니다. 예를 들어, 호신술을 가르치는 것을 볼 경우 워낙에 순식간에 지나가기 때문에 잘 이해가 안됩니다. 그럴 경우, 매우 천천히 구체적으로 단계를 하나하나 보여주면서 가르칩니다. 춤을 배울 때도 그렇습니다. 왼발 오른발 하나하나 스텝 바이 스텝으로 배우게 됩니다. 이런 이치로, 경매도 하나하나 쪼개서 살펴보면, 큰 그림이 보여지는 것입니다.

이상 6가지 단계입니다. 제 아무리 복잡한 경매물건도 6단계를 거치게 되어 있습니다. 각 단계별로 필요한 능력을 정확히 알고, 훈련해 나간다면 반드시 퍼즐조각을 맞추듯 경매의 전체 모습을 이해하게 됩니다.[6]

그러므로, 경매초보자들은 6단계 과정을 세분화해서 하나하나 배워나가고 훈련해 나가면 각자의 능력과 노력 여하에 따라서 큰 성공을 하는 사람도 있을 것이고, 작은 성공을 하는 사람도 있을 겁니다. 물론, 헛고생만 잔뜩하고 시간만 낭비하는 사람도 있습니다. 매우 드문 일 중 하나이지만, 새로운 지식을 배우고 머리에 담을 때는 자신의 그릇을 먼저 비워야 합니다. 빈 그릇이어야만 무엇인가를 채울 수 있기 때문이죠.

자신을 비운다는 말은 정말 중요한데요. 과거 경매공부를 해 봤다. 들어도 봤다. 이러면 되더라, 저러면 되더라는 식으로 자기 주장이 강한 사람은 새로운 학문인 경매를 온전히 받아들이지 못합니다. 자기 고집이 세서 결국 돈 벌이를 못하게 된다는 말이죠. 통상 고집이 센 사람이 실패자가 많습니다. 경매초보라면! 경매투자하기 겁난다면! 남을 가르칠 정도로 잘 알지 못한

---

6) 퍼즐은 한 조각, 두 조각으로는 전체 그림을 알 수도 없고 추측한다고 해도 틀리는 경우가 많습니다. 하지만, 퍼즐 조각들이 많이 모이다보면, 어느덧 전체 그림을 알 수 있게 됩니다. 이 말은 곧, 퍼즐 조각을 많이 모으되 신속하게 모으기만 한다면, 전체 그림을 남보다 빨리 알게 된다는 것입니다. 그래서, 경매투자에서 제일 중요한 덕목 중 하나는 '스피드'라고 강의하는 것입니다.

다면! 그저 고개를 숙이고 지도 받은 이론과 훈련에 집중하는 것이 배움의 자세라는 점을 기억하세요.

과거 제가 운전면허를 딸 때가 생각납니다. 운전학원을 다니던 중에 택시나 버스 운전수의 발목 움직임을 보면서 연구했던 기억이 납니다. 당시는 수동기어 차량으로 시험보던 때인데요. 주로, 언덕출발에서 대개 불합격을 한 번씩 하던 때입니다. 기어봉을 움직임과 동시에 왼발의 클러치와 오른발의 가속페달을 밟는 것을 보면서 기사들의 발목 움직임에 따라서 차량이 언덕에서 밀리지 않는 것을 보면서 어떻게 하면 언덕 출발에서 실수를 하지 않을지 원리를 고민했습니다.

그러다 발견한 원리는 클러치를 밟는 왼발이 떨어지는 간격만큼, 딱 그만큼!! 오른발로 가속페달을 밟으면 된다는 겁니다. 그래야만, 자동차가 뒤로 밀리지 않는다는 것이죠. 또, 클러치에 얹은 왼발이 떨어지는 간격이, 오른발로 가속페달을 밟는 간격보다 더 크다면 자칫 시동이 꺼져버린다는 것도 알게 되었습니다. 또, 오른발 가속페달을 아무리 깊게 밟아도 왼발 클러치 간격이 좁다면 절대로 급출발을 하지 않는다는 것도 알게되었습니다.[7]

___
7) 당시 운전면허는 수동기어 차량으로 시험보던 때이며, 언덕에서 브레이크를 잡고 잠깐 멈췄다가 재출발하는 코스가 있었습니다. 통상 언덕출발에서 불합격을 합니다. 면허를 딴 후 혼자서 차를 몰다가 용산 쪽 어느 동네에서 엄청난 급경사를 맞게 되었는데요. 바로 뒤에 차량은 있지.. 언덕출발하면서 차량이 밀리면 사고날 것도 같지.. 엄청 긴장했던 기억이 납니다. 이런 강한 스트레스때문에 언덕출발을 확실히 할 수 있게 되

제가 지금 말하고 싶은 것이 바로 이겁니다. 뭔가 힘들고 막연한 상황을 접할 때 내가 가져야 할 올바른 자세는? 그 대상이 되는 지식을 먼저 세분화합니다. 그 후 세분화된 조각들을 자세히 살펴보고 가장 빠른 길을 찾습니다. 경매투자도 막연히 보면! 안개가 쌓인 것처럼 한 치 앞이 보이지 않고 두렵지만, 토막토막 잘라놓고 자세히 살펴보면 쉽습니다.

우선! 본 책자를 읽고 계신 독자들은 위에 나열한 총6단계 경매투자과정을 눈감고도 외울 수 있어야 합니다.

자.. 외워보시기 바랍니다. 앞으로도 외워보시고 뒤로도 외워보셔야 합니다.[8]

4. 경매의 편견을 깨는 것보다 시세조사를 잘하는 것이 더 어려운 이유는?

경매투자과정 6단계 개별훈련들은 어느 것 하나, 소중하지 않은 것이 없습니다. 우량물건검색훈련 단계에서는 '편견타파'가

었습니다. 이때도, 과학적인 분석을 통해서 언덕 출발 매뉴얼을 정립했었습니다. 수십년이 지난 지금도 가끔 트럭이 주차장을 막아서는 바람에, 제가 직접 수동기어 트럭을 움직일때도 전혀 당황하지 않은 이유는 오직! 정립된 매뉴얼을 다 숙지했기 때문입니다. 이렇게 매뉴얼이 중요합니다.

8) 눈을 감고 외워보세요. 실제 교육 중에 이 과정을 다 외우라고 하면 순간 당황합니다. 그러나, 라면을 끓이는 과정을 말해보라고 할 경우 머뭇거리는 사람은 없습니다. 과정을 모르면 라면을 잘 못끓입니다. 경매도 마찬가지입니다. 과정을 모르는데 어떻게 잘할 수 있겠습니까?

제일 중요한 가치입니다. 시세조사분석훈련 단계는 편견타파라는 가치보다는 적정시세를 알아내기 위한 기법 즉 '화법'이 제일 중요한 가치입니다. 경매초보에게는 편견을 깨는 것도 어렵고, 어눌한 화법을 개선하는 것도 어렵습니다.

경매의 편견을 깨는 것은 우리의 머리 속, 마음 속의 문제를 개선하는 것이므로 지극히 주관적이고 내부적인 문제입니다. 반면, 시세조사화법은 외부로 표현되기 때문에 잘잘못이 금세 드러나서 고치기 쉬워 보입니다. 그러나, 편견을 깨는 것이 훨씬 더 어려운 문제인 것처럼 보여도 의외로 쉽게 개선됩니다.

그것은 마치, 세상 경험없는 어떤 사람이 '자동차를 운전하는 사람'을 보고 허세부린다며 비아냥거리다가 나중에 자동차의 편리함을 알게 되면 즉시! 더 이상 비아냥 거리지 않게 되는 것과 같습니다. 또, 흑인에 대한 편견이 있다가도 흑인과 친하게 지내는 독특한 경험을 한 번만 하게 되면 흑인에 대한 편견이 즉시! 깨지는 것과 같습니다.

편견을 깨는 방법은 우량물건검색훈련 중 '1회독'9) 이 정확한 처방입니다. 1회독을 법칙에 맞게끔 해 나가다보면, 반드시 편견이 깨집니다. 사실, 편견을 깨는 것은 편견이 생기는 자기 마

---

9) 1회독을 하는 법칙은 유튜브에서 많이 공개되어 있으나, 결국 상세한 설명을 듣지 않으면 큰 성과가 없습니다.

음을 잠시 쉬게 해주면 됩니다. 그러나, 시세조사훈련을 시키는 것은 단지 입을 자유롭게 하고, 말을 좀 더 많이 하는 것만으로는 절대로 실력이 늘지 않습니다.

시세조사실력을 높이기 위해서는 상대방이 어떤 말을 하면, 그 말이 갖는 의미를 신속히 파악하고, 또 다시 질문을 던져야 하며 주고받은 말들을 모두 다 기억해야 합니다. 이런 과정들이 대체로 신속하게 이뤄지기 때문에 숙달하기 어렵습니다. 대부분, 상대방의 말의 진의를 파악하는 것부터 실패합니다.

시세조사훈련은 바로 옆에서 잡아주지 않는 한 실력이 크게 성장하지 않습니다. 사고방식이 올바르고 논리적인 사람이라면 그나마 실력이 쉽게 늡니다. 제가 보건대, 애초에 유년시절부터 사고방식이 잘못된 경우에는 죽어도! 바뀌지 않고 늘지도 않는 것이 시세조사실력입니다.[10]

참으로 안타까운 것은, 아무리 이해시키려고 노력해도 실력이 전혀 늘지 않는 사람들이 적지 않다는 것입니다. 이들은 유

---

10) 경매를 가르치면서 명백히 느끼는 것은 결국 잘될 사람은 어릴 적부터 싹이 보인다는 겁니다. 좀 이상하다 싶을 정도로 안 바뀌는 사람은 그 원인을 자꾸 찾다보면, 반드시 가정환경이 나옵니다. 유년시절 부모에게 애정을 받지 못하거나 홀로 있는 시간이 많았던 사람들이 대체로 생각이 완고하고 융통성이 없습니다. 제대로 배우려고도 하지 않고 세상의 중심을 자기자신에게 둡니다. 남의 말을 애초에 잘 듣지 않습니다. 자신을 포장하는 재주는 늘어서, 실로 불치병환자와 같습니다. 남의 말을 잘 듣지 않기 때문에, 기억력이 유난히 떨어집니다. 신기한 것은 이런 성격의 사람들은 눈빛에서 드러나고, 얼굴모양에서 드러납니다. 참 신기합니다.

년시절과 청년시절에 이미 고착화된 습성으로 인해서 경매로 부자되기는 애초에 불가능에 가깝습니다. 마치, 선천적으로 몸이 굳어서 운동선수로서 빛을 보기 어려운 사람처럼 말이죠.[11]

2장. 경매투자 6단계 과정 중 제일 중요한 것은 '시세조사훈련'

1. 시세조사는 낙찰가산정의 기준이다.[12]

총 6단계의 경매실무 과정 중 어느 하나 소중하지 않은 기술이 없습니다만, 그 중 으뜸은 '시세조사기법' 입니다. 시세조사

---

11) 말을 물가에 데려갈 수는 있지만, 물을 마시게 할 수는 없다고 합니다. 학생을 아무리 제대로 가르치더라도, 결국 공부는 스스로 하는 것이고, 자신의 마음이 100%수긍하고 받아들여야만 가능합니다. 그러나, 실제로 보면 자기 스스로의 주장을 내세우기 바쁘고 아무리 말을 쉽게 해줘도 이해하려고 하지 않는 사람들이 대다수입니다. 경매초보라면! 아니, 경매고수가 아니라면! 스스로 생각하기에 부족함이 있다면! 교육을 거부할 어떤 이유도 없는 겁니다. 한 걸음이라도 먼저 간 사람이 하는 말을 경청하고 해보는 것이 실력이 급성장하는 가장 빠른 길입니다. 통상 이런 사람들은 실력도 없으면서 선생보다 더 많은 말을 합니다. 자신의 마음을 알아달라고 하소연하는 겁니다. 유년시절에 애정을 못받아서 다 큰 성인이 되어서도 자신의 말을 들어 달라고 떼를 쓰는 겁니다.
12) 시세조사 결과물이 어떤 이유로, 낙찰가 산정기준이 되는지? 생각해 보세요. 또, 시세조사 결과물을 나름 소극적인 관점에서 생각할 경우 어떤 부작용이 생기는지도 생각해보세요. 시세조사 결과물을 다양한 관점에서 생각해 본다는 뜻은 시세분석을 말합니다. 시세분석은 시세조사와 다른 차원이며, 분석하는 요령과 철학이 없다면 같은 조사결과를 가지고도 다르게 해석하게 됩니다. 마치, 하나의 사건을 두고서도 각기 다른 해석을 내놓고 싸우는 정치인들 처럼 말이죠.

는 낙찰가 산정의 기준점이 됩니다. 여러분들이 아무리 심혈을 기울여서 조사하고 현장을 다녀본들 낙찰되지 않으면 말짱 도루묵이 되어 버립니다. 이런 허망한 경험들을 자주 하다보면 자기도 모르는 사이에 실패가 습관이 되어버리고 용맹한 마음도 어디론가 사라져 버립니다.

마치 노래하는 가수가 무대에 서는 것을 두려워 하는 것처럼, 실패를 거듭하는 투자자는 경매에 흥미를 잃어버리게 됩니다. 무슨 일이든 흥미를 잃어 버린다면 그 결과가 좋을 수 없다는 거 잘 아실 겁니다. 그러므로, 경매투자를 변함없이 즐거운 마음으로 해나가는 것은 매우 중요한 요소입니다. 프로 운동선수가 자기 몸관리를 애지중지 하듯이, 경매투자자들도 자신의 열정관리, 기분관리, 승률관리 등등 스스로 선수이자 매니저가 되어야 합니다.

결국, 흥미를 잃지 않기 위해서는 늘 즐거울 수 있도록 '낙찰'이라는 소중한 경험을 자주 해야 합니다. 돈을 버는데 흥미가 줄어들리 없죠. 이런 낙찰을 위해서는 우리는 시세조사를 정확하게 해내는 능력을 갖춰야 합니다. 시세조사를 정확히 하면 좋은 점은 낙찰가격을 결정할 때 자신감과 확신에 차서 결정할 수 있다는 겁니다. 자신감 넘치는 가격선정은 경매투자과정에서 매우 중요한 요소입니다.

그럼, 자신감있게 배팅하는 힘은 어디서 나올까요? 그것은 바로 완벽한 시세조사에서 나옵니다. '시세조사? 뭐 그게 그리 어렵나? 중개업소에 물어보면 되지..뭐...'[13] 정말로 중개업소에 물어보면 된다면, 현지 공인중개사가 제일 낙찰될 가능성이 높겠군요? 여러분들이 실제로 경매물건 시세조사를 하다보면, 중개업소마다 다른 이야기를 한다는 것을 알게 됩니다. 그럴 경우, 여러분은 패닉에 빠지게 됩니다. 누구 말이 맞는지 알 수 없거든요.

중개업소는 같은 물건을 두고서도 각자 다른 소리를 하며, 정확한 시세를 말하는 것을 자신없어 합니다. 왜, 자기 주변 매물에 대해서 잘 모를까요? 왜, 각기 다른 시세를 얘기하는 것일까요? 자, 현실이 이렇기 때문에, 좀 더 치밀한 시세조사 기술을 터득해야 하는 겁니다.[14]

2. 정수기처럼 허위정보를 걸러내는 능력을 키워야 한다.

시세조사를 하려면, 말 그대로 물어보는 수밖에 없습니다. 중

13) 거의 모든 경매투자자들이 이런 식입니다. 대충 묻고 대충 결론냅니다. 전국의 어떤 경매학원, 경매카페, 유튜브영상 속에서도 시세조사의 중요성과 기술을 언급하지 않습니다. 그러다보니, 이런 현상이 생깁니다. 그래서, 오랜 세월동안 경매투자를 해도 큰 성장을 하지 못하게 됩니다. 수많은 중개업소에 질문을 하되, 모은 정보들을 배열해놓고 통일된 시세결과물을 만들어야 합니다. 시세결과에 확신이 있는 경우, 얻을 수 있는 다양한 이익이 뭔지 생각해보세요.
14) 시세조사를 명확하게 잘하면 얻을 수 있는 혜택 중 하나는, 낙찰가산정이 매우 쉬워진다는 겁니다. 낙찰가산정이 명확해야만, 낙찰에 실패할 경우에 오는 데미지도 줄일 수 있습니다. 낙찰 실패 후 생기는 데미지는 경매인생에 좋지 못한 영향을 미친다는 것은 앞서도 설명했으니 잘 생각해 보세요.

개업소에 물어보는 것과 별도로, 인터넷으로도 많은 정보를 얻을 수 있습니다. 국토교통부의 실거래가 조회시스템, 다음과 네이버 같은 포털사이트의 부동산매물광고, 부동산매물을 많이 엿볼 수 있는 친목카페, 부동산 매물등록 앱들이 바로 그겁니다.

또, 중개업소가 거래했던 유사매물과 현재 매물로 나와있는 사례들도 조사하는 것입니다. 그러나, 이런 조사도 중개업소에서 제대로 가르쳐주지 않거나, 심지어 허위정보를 줘버리면 역시 무용지물이 되고 맙니다. 더 현실적으로 따져 보자면, 이렇게 매우 단순할 거 같은 정보수집 조차도 경매투자자에겐 매우 어려운 일입니다.

중개업소는 사람을 많이 상대해 본 '빠꼼이'입니다. 척 보면 돈이 되는 사람인지 아닌지 금방 눈치챕니다. 그러다보니 돈이 안되는 귀찮은 질문에 답하기 싫어합니다. 더군다나, 별로 호감 가는 음성과 태도를 갖지 않은 사람이라면 더욱 더 좋은 정보를 줄리 만무합니다.[15]

여러분들이 중개업소라고 생각해보세요. 아무런 연고도, 이익도 없는 사람이 찾아오거나 전화해서 물어보기만 할 경우, 여러

---

15) 교육생들이 자주 묻는 질문 중 하나입니다. 시세조사를 하기 어려우니, 국토교통부 실거래가를 조회하거나 인근매각사례를 살펴보는 것이 어떠냐고 묻습니다. 하지만, 이것은 오로지 단순 참고일뿐 그 이상도 이하도 아니라는 점 기억하세요.

분이 알고 있는 매물정보를 솔직히 아낌없이 알려주고 싶으신
가요? 아마도 전혀 그렇지 않을 겁니다. 저 같아도 맘에 들지 않
는다면, 제대로 알려줄 생각이 없습니다. 당연한 듯 묻는 사람이
라면, 예의가 없는 사람이라면 더욱 더 소가 닭 보듯할 겁니다.

더군다나, 중개업소가 직접 입찰하려 하거나, 컨설팅고객을
데리고 있다고 생각해보세요. 그런 내막을 모르는 여러분은 중
개업소가 말하는 시세를 얼마나 신뢰하시겠습니까? 과연 여러
분의 귀에 달콤하게 들리는 시세조사정보를 그대로 믿을 수 있
겠습니까? 경매초보들은 이런 문제점을 모르기 때문에, 설령 알
더라도 해결책이 없기 때문에, 대체로 중개업소가 하는 말을 온
전히 믿어버립니다.

제가 늘 말하지만, 경매투자자는 스스로 부자가 되고 싶은 사
람입니다. 즉 자본가가 되겠다는 사람이죠. 그런 사람이 중개업
소의 말에 좌지우지 된다면, 그 사람은 결코 자본가로서 성공할
수 없습니다. 그러므로, 시세조사를 하면서 다양한 정보들을 걸
러내는 능력이 필요합니다.[16]

---

16) 제가 강의할 때 자주 언급하는 말입니다. 경매투자는 '단순한 재테크'가 아닙니다.
무기라고 해서 같은 무기가 아니듯, 재테크라고 해서 같은 재테크가 아닙니다. 경매의
위력은 핵폭탄같은 파괴력이 있습니다. 그렇다면, 이렇게 강력한 무기인 경매를 정복하
고자 하는 경매투자자의 자세는 어떠해야 할까요? 철저한 주인의식으로 무장하여야 하
며, 남의 말에 휘청하는 나약한 정신자세와는 절대 친하면 안됩니다.

17)다들 아시겠지만, 정수기가 무엇입니까? '더러운 물을 걸러서 깨끗한 물을 마실 수 있게 만드는 것!' 아닌가요? 여러분도 중개업소를 통해서 얻은 더러운(?) 정보를 걸러내는 여과장치를 가져야 하지 않을까요? 그저 듣는대로 믿어버리면서도 여러분의 소중한 재산을 지킬 수 있을지 생각해 보세요.

3. 중개업소의 말을 맹신하는 '노예근성'을 버려야 한다.

여러분은 중개업소가 부동산 시세를 잘 알 것이라고 생각하시죠? 그래선지, 경매초보들은 선뜻 이해하기 어려울 정도로 중개업소에 의존하는 경향이 강합니다.18) 중개업소가 하는 사업 방식과 패턴을 조금만 유심히 살펴보면, 중개업소와 일반인의 차이점은 중개업소가 일반인들 보다 더 많은 사례를 보유할 뿐이라는 사실에 불과합니다.19)

---

17) 정수기 필터가 노폐물을 걸러내고 깨끗한 물을 만들듯이, 여러분도 마음 속에 정수기 필터를 갖고 있어야 합니다. 외부로부터 수집한 정보, 내 마음 속에서 생기는 열등감, 나약함, 오만함, 두려움, 게으름을 걸러낼 수 있는 필터를 꼭 만드세요. 매사 앞으로 나갈 때나 뒤로 후퇴할 때도 마음과 행동을 걸러낼 수 있는 상상속의 장치를 꼭 만드시기 바랍니다.
18) 경매초보들은 십중팔구 팔랑귀, 소심형, 의존형이기 때문에, 항상 중개업소의 말에 너무 휘청거리지 말라고 말을 합니다. 정말 희한한 것은, 당신들은 부자가 되려는 사람이므로, 자신감이 있어야 하고 주인으로서 모든 정보를 가려 들을 줄 알아야 한다고 말을 하는 제 말을 듣지 않고, 평생 처음 보는 중개업소의 말을 더 믿습니다. 그런 사람들이 은근히 많기 때문에 본 교재에서 더 강조해 드립니다.
19) 국가는 부동산 거래의 안전을 책임지는 전문인력으로 공인중개사 제도를 만들었습니다. 말 그대로 중개를 하는 전문면허입니다. 공인중개라는 말 속에는 부동산 전문가라는 느낌은 없습니다. 감정평가사도 그렇습니다. 감정평가사 또한, 부동산 전문가가 아니라, 부동산을 평가하는 전문면허인 거죠. 전문면허란, 해당 업무는 다른 사람이 하

김밥천국 주방장과 평범한 가정주부를 비교해보면 쉽게 이해할 수 있습니다. 상식적으로는 김밥천국 주방장의 음식이 더 맛있어야 합니다. 그러나, 현실은! 평범한 가정주부가 만든 음식이 더 맛있는 경우가 많습니다. 공인중개사는 그냥 공인자격사일 뿐 부동산감각은 평범한 사람들에 비해 훨씬 떨어지는 경우도 많고, 투자마인드는 더욱 더, 일반인 보다 못한 경우도 많습니다.

공인중개사가 어려운 시험에 합격했기 때문에 일반인보다 더 부동산을 잘 알거라고 생각하시나요? 당연히 공인중개사 시험을 합격하지 못한 사람보다는 공인중개 관련지식은 더 잘 알 겁니다. 하지만, 부동산 투자감각은 공인중개에 필요한 지식과는 전혀 별개의 감각입니다. 부동산 투자감각은 대개 천성적인 요인이 강합니다. 타고난 운도 영향을 주는 영역입니다.[20]

면 안되고 '국가가 정한 사람만 해야 해!!'라는 자격입니다. 하지만, 경매투자자들은 자신이 부동산 초보이다보니, 앞뒤를 가리지 않고 그들을 추켜세우고 마치 부동산 투자전문가, 부동산 분석전문가인 것처럼 스스로 착각에 빠집니다. 즉, 착각으로 생기는 마음이 결국 '노예근성'으로 빠지게 됩니다. 앞서도 설명했듯이, 노예근성에 빠진 노예가 부자가 될리는 없기때문에, 결국 경매투자도 실패합니다.

20) 부동산 투자는 미래를 보는 눈이 필수입니다. 저는 미래를 보는 눈을 심미안으로 표현합니다. 이런 능력은 천성적으로 타고 났거나 후천적으로 훈련받아야 생깁니다. 또, 심미안 못지 않게 투자가치관도 중요합니다. 붕어빵 장사처럼 즉시 팔아야 돈을 버는 근시안적인 투자마인드로는 부동산 투자는 죽었다 깨어나도 할 수 없습니다. 부동산은 애초에 '부자의 장신구' 같은 것이므로, 현재는 부자가 아닐지라도 적어도 부자들의 행동을 그대로 따르는 흉내 쯤은 낼 수 있어야만 겨우 겨우 가능한 것이 '부동산 투자'입니다. 이런 감각이랄까? 천성이랄까? 가치관이랄까? 어떤 이름이든, 능력도 중요한 요소이지만, 운도 일정부분 중요한 영역을 차지하는 것 같습니다. 운칠기삼이랄까요? 운이 7이고, 기가 3이라는 말처럼요.

이것은 매우 상식적인 판단입니다. 그럼에도, 대다수 사람들은 명확한 근거없이 중개업소의 말에 잘 휘둘리며, 이리저리 끌려다니는 '노예 근성'을 갖고 있습니다. 그로인해 부자가 될 수 있는 기회를 송두리째 날리는 것을 자주 보게 됩니다. 저는 이 점이 매우 안타깝습니다.

공인중개사 시험은 그리 쉽지 않은 시험입니다. 공부할 교재도 과목도 많습니다. 그러므로, 합격한 분들의 노력은 평가받아야 합니다. 다만, 투자감각과 투자마인드, 결단력과 행동력은 그 시험과목에 없다는 점만은 분명합니다. 또, 중개업에 종사하면서도 이런 능력들이 배양되는 것도 아니란 것도 분명합니다.

사실! 이런 점을 부각시켜봐야 저에게 좋은 점은 단 한개도 없습니다. 오히려 공인중개사들의 반감만 살 뿐 이죠. 그럼에도 불구하고, 이 점을 강조하는 것은 현실을 정확히 보는 지혜가 없이는 부자의 길은 요원하기 때문에 그렇습니다.

경매를 배우는 사람들은 대다수가 직장인들입니다. 또는 노후를 진심으로 걱정하는 사람들입니다. 어떻게 해서든, 현실을 극복하고 부자의 길로, 경제적 해방의 길로 나아가길 원하는 사람들입니다. 저는 그런 사람들에게 경매를 가르치되, 단기간에 가장 빠른 효과를 보게 해야 하는 사람입니다. 자신의 시간과 비용을 투자해서 경매를 배우는 사람들이 올바른 길로 가지 않을 경우, 다소 들기싫은 소리일지라도 어쩔 수 없이 해야만 하는 사람입니다.

그러다보니, 경매와 중개업소의 상관관계 속에서 중개업의 실체를 명확히 인식하면 경매쟁이가 투자할 때 매우 유익한 점이 있기 때문에 이렇게 설명하게 된 것입니다. 이 책을 보시는 중개업소 관련 종사자들은 취지를 잘 이해하시고 오해 없으시기 바랍니다.

짧게 예를 들어볼까요? 일반적으로 여러분이 매물을 내놓으면, 중개업소는 적당한 엄살과 함께 가격을 낮출 것을 종용합니다. 그러다가, 매물을 찾는 사람이 나타나면 그 사람에게는 적당히 비싸다, 매물이 없다, 이 물건이 딱이다라는 식으로 표현함으로써 계약을 성사시키려고 노력합니다.

그래서, 통상!! 중개현장에서는 매물 주인이 내놓은 가격이 터무니없는 수준이 아니라면 일단 매물장부에 기재해 놓고 매물을 구하는 사람이 나타나면 붙여보겠다고 말을 합니다. 뭔가 경매초보 입장에서도 딱히! 중개업소의 말을 믿고 따를 만한 어떤 전문성이 없다는 말을 하는 겁니다.

그것은 마치, 길가에 서 있는 사람에게 혹시 오늘 하루 종일 이 길을 지나간 사람 본 적 있냐고 물어보는 격입니다. 딱히 전문성도 필요없고, 내가 팔았거나 남이 판 것을 들었거나 본 얘기가 전부입니다. 물론, 중개업소의 업무가 이것이 전부일리는 없습니다. 다만, 경매투자하는 여러분 입장에서 봤을 때, 뭔가 맹신할만한 그 실체는 없다는 말을 하는 것입니다.[21]

4. 유사매물을 찾고자 하나, 유사매물을 찾아도 무슨 말인지 모른다.

사람들은 유사매물을[22] 찾게되면 마음이 편해져야 마땅합니다. 그런데, 투자자들은 마음이 편해지기 보다는 오히려 당황해 합니다. 유사매물을 찾는다고 하더라도 정말로 똑같은 물건을 찾기가 어렵기 때문입니다. 같은 평수, 같은 동의 아파트도 서로 가격이 다른 것을 알고 계시죠?

인테리어 여부에 따라서, 방향에 따라서 각기 가격이 다릅니다.

---

21) 제일 무서운 것은 근거없이 믿는 것입니다. 일반적으로 자존감이 많이 떨어질 때, 무언가를 근거없이 믿게 됩니다. 내가 무언가를 믿고 따를 때는 반드시 그 근거가 있어야 함을 기억하세요. '나는 부동산 초보자이다. 나는 경매초보자이다.' 이런 생각에 빠지다보니, 스스로 초보 티를 내게되고 상대방은 기세등등해져서 근거없는 얘기도 확신에 차서 언급하는 것입니다. 길에서 개가 으르렁댈때, 피하지 말고 눈을 마주치라고 하지 않던가요? 그것은 개에게 기가 눌리면 사람도 우습게 보고 물려고 덤비기 때문입니다. 사람 사이에도 이런 이치가 적용됩니다. 여러분이 나약한 초보티를 내는 순간 많은 것을 잃게 됩니다.

22) 시세조사 할 때, 유사매물을 수집하는 것은 매우 중요한 업무 중 하나 입니다. 유사매물은 목적부동산과 위치, 형상, 평수, 규모, 방향, 층수, 마감재, 연식, 방 개수 등등 여러가지로 비슷한 부동산을 말합니다. 세부조건들이 각기 다양하기 때문에, 100%똑같은 유사매물을 찾는 것은 쉽지 않습니다. 어떤 물건은 50%, 어떤 물건은 80% 유사한 물건들이 있을 겁니다. 세부적으로 비교항목이 다른 다양한 유사물건들을 가지고 공통점을 유추해내는 것은 매우 중요한 능력이고, 얻기 힘든 능력입니다. 이 능력을 시세분석능력이라고 합니다.

또, 같은 건축연식에, 같은 내부구조여도 위치에 따라서 가격이 달라집니다. 심지어 같은 건물의 층수에 따라서도 가격이 달라집니다. 100%똑같은 물건이 없을 뿐더러 설령 있더라도 방향, 위치, 층수, 연식, 인테리어 여부 등에 따라서 또 달라진다는 말입니다.

그러다보니, 힘들게 유사매물 정보를 수집했더라도 그것들의 연관성을 발견할 수 없어서 굉장히 난감해 합니다. 마치 폐지를 수집하거나 고물을 수집하는 고물상처럼 이 정보 저 정보를 다 끌어모았지만, 정작 모인 정보를 가지고 어떤 방식으로 정보를 재 배열하고 그 속에 숨겨진 이치를 찾아야 하는지 모르기 때문입니다.

고물을 수거하는 사람은 길에서 마구잡이로 집어오지만, 정작 고물상에 도착해서는 고물들을 분류하는 작업을 수행합니다. 이것처럼 여러분들도 부동산 정보들을 수집하는 과정과 별도로 분류하는 작업을 구별해야 합니다.[23] 이런 작업들을 하지 않으면, 힘들게 수집한 정보들 속에 빠져서 허우적대며 힘들어 합니다.

그럼 무엇이 유사매물인가요? 딱히, 똑같거나 비슷하지는 않

---

23) 우리는 평생토록 살면서, 시세조사와 시세분석이라는 2가지 프로세스를 겪어보지 못했습니다. 주변에서 누가 강조한 것 조차도 들어본 적 없습니다. 하지만, 군대나 대기업 등에서는 이런 프로세스가 있습니다. 정보를 수집한 후 모은 정보를 면밀히 분석하는 별도의 조직들이 있습니다. 주식시장에도 증권분석가가 따로 있지 않습니까? 분석은 굉장히 중요한 영역인데도 혼자서 조사와 분석을 하다보니 당연하게도 오판이 많을 수밖에 없는 것이죠. 사실, 분석을 제대로 하는 사람이 있더라도, 분석하는 사람이 직접 조사를 하지 않는다면 결국 제한된 정보로 인해서 잘못된 분석을 내놓을 수밖에 없을 겁니다.

더라도 완전히 다르지도 않고 완전히 무관하지도 않는 물건을 유사매물이라고 합니다. 이런 논리에 따르면 유사매물은 의외로 수집이 쉽습니다. 쉽게 모이는 유사매물을 한 자리에 모아놓고 다각도로 분석하는 것이 시세조사와 시세분석입니다.[24]

경매초보들은 말을 잘못하기 때문에 의외로 손쉬운 유사매물을 수집하지 못합니다. 유사매물 수집을 잘하기 위해서는 말을 잘해야 하고 딱딱한 중개업소를 부드럽게 녹여서 정보를 모아야 하기 때문에, 고지식하거나 무뚝뚝한 사람 그리고 상황판단력이 빨리 안되는 사람들은 시세조사를 매우 힘들어 합니다.

시세조사는 법원경매에서 매우 중요한 요소입니다. 이렇게 중요한 요소이지만, 여러분들이 평생동안 습관처럼 해오던 말로 하는 것이기 때문에 이것을 어렵다고 평가해야할지 잘 모르겠습니다. 아마도, 각자 개인차이가 많이 날 겁니다. 나는 말을 잘하는 편이니까. 자신있어! 라고 하는 사람이 있고, 나는 말을 잘못해. 그래서 자신없어! 라고 하는 사람도 있을 겁니다.

---

24) 사실, 시세조사도 어렵지만 더 어려운 것은 시세분석입니다. 시세조사와 시세분석은 한 가지 모양인듯 하지만, 분명히 다른 원리에 의해서 운용됩니다. 시세조사는 철저히 객관적으로 해야하며, 시세분석은 철저히 주관적으로 임해야 합니다. 여러분의 머리 속에 객관과 주관을 분리해야 합니다. 100평 정도되는 방이 여러분의 머리 속에 있지만, 대다수는 이 넓은 방이 원룸으로 되어 있습니다. 살림살이도 없어서, 양말이나 속옷도 바닥에 놓여 있습니다. 휑한 원룸이 100평이라니.. 생각해보면 좀 우스울 겁니다. 주관과 객관이 한 방에 섞여 있으면 논리적인 사고를 하기 어렵습니다. 시세조사를 잘하기 위해서, 경매투자를 잘하기 위해서, 여러분은 제일 먼저 여러분의 머리 속에 생각의 흐름을 분리하는 것부터 시작하십시오.

어차피 평생동안 하는 말이므로, 설령 지금은 말을 못하더라도, 노력하면 얼마든지 잘할 수 있다는 생각을 해야 할 겁니다. 하지만, 분명한 것은 하나 있습니다. 노력하면 반드시 된다는 것입니다.

여러분이 말을 잘해야겠다고 결심하고 꾸준히 노력해 간다면, 반드시 그렇게 될 겁니다!

3장. 그렇다면, 경매투자자들이 시세조사를 못하는 이유는 뭘까요?

1. 경매하수들은 대체로 '컴퓨터 사용능력'이 떨어진다.

경매물건의 시세조사를 한 후 시세조사 리포트를 작성해야 합니다. 시세조사 리포트는 매우 중요한 문서입니다. 가뜩이나 기억력도 없는데, 조사한 내용들을 적어놓지도 않는다면 경매투자를 막연한 기억에 의존하는 엄청난 모험을 하게 될 겁니다.

우리가 경매투자를 선택한 이유는 다른 재테크 보다 리스크가 상대적으로 적기 때문입니다. 리스크를 줄이기 위해서 우리가 하는 것이 시세조사이고 이 시세조사를 잘하기 위해서는 말을 잘해야 한다는 것까지 얘기했습니다. 발생가능한 리스크를 예측하고 관리하며 통제할 수 있어야 하는데, 시세조사한 내용들을 상세히 적어놓지않고 기억에만 의존한다면 투자의 리스크는 커질 수밖에 없을 겁니다.

시세조사 리포트를 작성한다는 말 속에는 컴퓨터를 잘 사용해야 한다는 뜻이 포함되어 있습니다. 손으로 적는 것은 글씨체가 엉망이 되고 가독성이 떨어지므로, 시간을 투자한 것 대비해서 효율성이 많이 떨어집니다. 하지만, 만일 컴퓨터를 너무 몰라서 문서를 작성할 수 없다면? 손으로라도 써야 합니다.

물론 컴퓨터를 너무 모른다면 경매와 공매 사건을 검색도 하기 어려울 정도일 것이므로 애초에 경매를 배우려고 작정했다면 컴퓨터 활용능력을 높여야 합니다. 그래서, 경매투자를 시작하려면 가능하면 노트북을 구입하시기 바랍니다. 노트북은 여러분의 경매실력을 몇 배나 올려줍니다.

'어차피 물건검색과 정보수집은 전화기와 컴퓨터가 있으면 되는 거 아니냐? 노트북까지는 필요없는 거 아니냐?'라는 생각이 들 수도 있습니다만, 그것은 매우 단순한 사고방식입니다. 노트북을 이용할 경우, 말로 표현할 수 없는 여러가지 효능이 있으므로, 경매실력을 높이고 싶은 마음이 강한 분들은 필히 노트북을 구입하고 손에 들고 놓지 말아야 합니다.

하지만, 어차피 열심히 하지 않는 사람에게는 노트북은 사치입니다. 반드시 생각을 깊게 해서 '내가 열심히 하는 사람인지? 대충 흉내만 내다가 말 사람인지?'를 파악한 후 구입여부를 결정하시기 바랍니다. 기분에 따라 노트북을 구입했지만, 노력을 하지 않는다 면 나중에 노트북 구입을 후회할 것입니다. 실제로, 경매공부한다 고 노트북을 구입했다가 나중에 후회하는 사람을 본 적 있습니다.

결국 스스로 마음을 깊이 들여다보는 힘이 없으면 성공보다 는 실패를 더 많이 하게 됩니다. 이제 노트북을 구입했다면, 반 드시 터득해야 하는 프로그램 중 하나는 문서작성 프로그램입 니다. 한글, 워드, 페이지스 등이 바로 그것입니다. 문서작성 프 로그램에 익숙해 지세요. 타이핑 속도도 높이세요. 별로 어렵지 않습니다. 스마트폰과 노트북, 인터넷을 잘 활용하는 것은 훌륭 한 경매투자자가 되기 위한 필수요건입니다.[25]

경매하수들의 공통점 중 하나는 역시 컴퓨터를 잘 쓰지 못한 다는 겁니다. 특히, 1회독을 위해서 빠른 속도로 글을 읽어야 하 는 입장에서 낡은 노트북을[26] 가지고 공부하는 사람들도 있습

---

25) 과거 1998년, 당시 기사에는 이런 글이 있었습니다. 향후 미래에는 인터넷을 사용 하는 그룹이 상류층을 차지한다고 말이죠. 98년 이후 지금까지 인터넷을 활용해서 다 양한 사업들이 많이 탄생했습니다. 여러분들이 아는 부동산 매물 앱, 음식을 주문하는 앱 등등 굉장히 다양한 사업들이 인터넷을 이용해서 탄생했습니다. 협회가 만든 경매 정보 검색사이트인 킹왕짱옥션도 따지고 보면 인터넷사업입니다. 법원경매와 공매물건 들 모두! 인터넷 속에 있습니다. 여러분이 시세조사를 할 부동산업소 정보도 인터넷 속 에서 만날 수 있습니다. 이런 세상은 앞으로 더욱더 강화될 것입니다. 이제, 컴퓨터를 모르고서는 상류층에 오를 수 없는 고착단계로 접어들고 있습니다. 컴맹은 매우 부끄 러운 것입니다. 반드시 이번 기회에 노트북을 장만해서 아예 들고 사시기 바랍니다!

니다만, 자기를 위해서 투자를 하는 것을 아끼면서 어떻게 경매에 성공하겠는지 스스로 생각해 보시기 바랍니다.

경매투자는 말 그대로 '돈을 벌기 위해 돈을 투자하는 것'입니다. 골프를 잘 치기 위해서 좋은 골프채를 구입하는 것은 매우 당연합니다. 골프채를 좋은 것을 사용한다고해서 꼭 골프를 잘 치는 것은 아니지만, 좋은 골프채에 연연하는 사람이 당연히 골프를 더 좋아하는 것이고 골프를 좋아한다는 것은 자주 친다는 것이며, 그로 인해 아무래도 실력도 좋아질 확률이 높다는 것도 사실입니다. 그러므로, 좋은 노트북을 구입하는 것이 꼭 경매를 잘해야 하는 조건인 것은 아니지만, 경매에 대한 열정과 관심이 높은 것은 사실이며 그래서 언젠가 고수가 될 확률이 높은 것 또한 사실이라는 점입니다.

   2. 경매하수들은 시세조사를 함에 있어서 '스피드'의 중요성을 모른다.

시세조사를 비롯한 경매투자 전반에서 제일 중요한 것은 스

---

26) 낡은 노트북은 성능이 떨어집니다. 성능이 떨어지면, 킹왕짱옥션 검색 시 느린 화면 전환으로 인해서 집중력이 떨어집니다. 집중력은 어느 분야에서든 중요한데요. 물건검색 시 우량물건을 감각적으로 골라내기 위해서는 머리속에서 많은 생각들을 분주히 움직여야 합니다. 이런 움직임을 빠르게 하는 방법은 집중력을 높이는 것입니다. 집중력이 높아질수록, 속도가 빨라집니다. 그런 집중력을 떨어뜨리는 원인 중 하나가, 성능이 떨어지는 낡은 노트북이라면 분통터지는 일이 아닐 수 없겠지요? 저는 간혹 경매투자를 사냥에 비유합니다. 사냥꾼이 짐승을 사냥할 때 고도의 집중력을 발휘한다는 점! 꼭, 기억하세요!!

피드입니다. 즉, 빨라야 합니다. 생각이 느리고, 몸도 느리고, 감 각도 느리면, 결국 실패합니다. 만일, 비행기나 탱크가 느리다면 결국 적에게 죽임을 당할 겁니다. 군인이나 경찰, 소방대가 느 리면 쓸모없는 조직이 되고 말 겁니다. 그렇다면, 회사원이나 운동선수들은 어떤가요? 빠르지 않으면 패배하고, 고액연봉은 아예 기대조차 하지 말아야 합니다.

대인관계에서도 그렇습니다. 친구나 동료가 무엇인가 부탁했 는데 그것을 느리게 처리하면 어떻게 되나요? 대인관계가 다 끊 어지게 될 겁니다. 느리다는 것이 심해지면, 결국 안하는 것이 됩니다. 안하는 사람들의 공통점은 느리다는 것이죠. 느릿느릿 한 행동거지가 몸에 배면 생각도 느려집니다. 또, 생각이 느린 사람들은 대체로 아둔하고 그 결과로 행동도 느려집니다.

생각이 아둔해서 동작이 느린 사람도 있지만, 동작이 느리다 보니 생각이 아둔해지는 사람도 있습니다. 여기서 문제는! 돈은 날개를 달고 날아다닌 다는 것이죠. 날아다니는 돈을 느린 동작 으로는 잡을 수 없습니다. 그래서 그런지, 거의 대다수 월급쟁이 는 생각과 동작이 굼뜹니다. 딱! 월급이 나오는 정도까지만 일을 하려고 하고, 그나마 그 일도 못하는 사람이 부지기수입니다.

하지만, 다른 곳에서 동작이 굼떴더라도 바로 이곳! 경매투자 의 현장에서는 굼뜨면 안됩니다. 굼뜬 동작과 사고방식을 가진 사람이 경매시장에 들어와 봤자 반드시 실패하기 때문입니다. 경매실무의 모든 분야에서는 '빨라야 한다!' '느리면 안된다!'를 입에 달고 살아야 합니다. 우량물건검색도 빨라야 합니다. 시세조사와 시세분석도 빨라야 합니다. 수익률분석도 빨라야 합니다.

어떻게 하면 빨라질까요?[27] 경매투자 매뉴얼이 완벽하게 있다면, 그 매뉴얼을 반복적으로 훈련하면 자연스럽게 빨라집니다. 즉, 빠른 속도를 얻으려면 절차와 요령을 배우고, 그것을 몸에 배이게 해야 한다는 것이죠. 우선!! 시세조사를 함에 있어서 빨리해야 한다는 긴박감을 반드시 염두에 두시기 바랍니다. 스스로 생각하기에 '내가 좀 많이 느리다. 지금 하고 있는 것이 나의 최고의 스피드인가?'를 생각해 보시기 바랍니다.

3. 경매하수들은 본질을 캐취하지 못하고 수박 겉핥는 사고방식을 가졌다.

제가 지금껏 가르쳐 본 사람들 중, 시세조사를 못하는 사람들의 공통점이 있습니다. 말하는 것을 들어보면, 표현이 어눌하거

---

27) 스피드를 얻는 가장 단순한 방식은 반복훈련입니다. 훈련을 반복하면 점차 빨라짐을 느낄 수 있습니다. 검도선수의 검이 빨라지려면, 제일 먼저 검이 가는 길을 배웁니다. 그 후 그 길을 따라서 반복훈련을 하면, 그 동작이 빨라집니다. 운동을 하면 느낄 수 있는 매우 간단한 이치인데요. 하나의 동작을 우선 배우며, 그 후 배운 동작을 반복한다. 그것이 스피드입니다. 검색훈련도 마찬가지이며, 시세조사도 마찬가지입니다. 우선 길을 배운다!! 그 후 반복한다!! 잊지마세요.

나 수박 겉핥는 식으로 의도가 분명하지 않은 표현을 사용하는 사람들이 대체로 시세조사를 잘못합니다. 표현이 어눌한 이유는 머리 속에 표현할 수 있는 단어의 개수가 부족하거나, 극히 적은 사회적 경험으로 인해 바라보는 세계가 매우 좁아서 그런 겁니다.

대체로 면전에서 주고받은 말들을 다 기억하려고 하지 않고, 극히 일부분만 듣고 결론을 내어 버립니다. 그러다보니, 머리에 들어오는 정보는 토막난 정보들 밖에 없습니다. 결국, 실제 상황과 전혀 맞지 않는 엉뚱한 판단을 하게 마련이죠.

그런 엉뚱한 판단을 하는 것이 두려운 사람들은, 두려움이 지나치다보니 제대로 듣는 노력을 하기보다는 오히려 아예 소심해지는 방향으로 성장하기도 합니다. 소심한 방향을 선택하는 사람은 대체로 안전합니다. 제대로 상황을 잘 파악하지 못해서 실제상황과 맞지 않는 판단을 할지라도, 소심한 성격으로 인해서 행동 자체를 하지 않기 때문에 성공은 못해도 최소한 망하지는 않거든요.

통상적으로, 거의 모든 하수의 공통점은 대충 듣고 대충 판단하고 대충 행동하는 겁니다.[28] 그 원인은 복잡한 것을 싫어하고,

---

28) 대충 듣고 대충 행동하는 것은 매우 위험한 행동입니다. 매사에 정확하려고 애를 써도 뜻대로 잘 풀리지 않는 것이 현실입니다. 경매투자는 전과정에서 대충! 이라는 단어는 없습니다. 전과정에서 엄격하게 굴어야만, 경매투자에서 지속적으로 성공할 수 있습니다. 경매를 이왕에 접했다면, 나름 깐깐해지려고 애를 써야 합니다. 여기서, 깐깐하

긴 말을 듣거나 길게 말하는 것을 싫어하는 습관이 들었기 때문
입니다. 이런 습관들은 유년시절에 엄격한 부모, 심하게 간섭하
는 부모 아래서 성장할 때 주로 나타납니다. 엄격한 부모와 간
섭쟁이 부모 아래서 성장하게 되면 통상 눈치를 살피는 습성과
변명하는 습성이 어릴적부터 몸에 진하게 배입니다. 일단 이런
습성이 배이면 안타깝지만 경매를 못합니다.

설령, 유년시절에 그렇게 살지 않았더라도, 성장한 후 같이 사
는 배우자 때문에 이런 습성이 생기는 사람도 있습니다. 배우자
를 부모처럼 어렵게 여기다보니, 배우자 눈치를 보는 습성이 깃
들게 됩니다. 이런 습성이 몸에 깃들다보면, 본능적으로 복잡한
것을 싫어하며 깐깐한 것을 무자게 싫어합니다.[29]

다는 표현은 중요한 기술과 핵심가치에 깐깐하라는 것이지, 좁쌀영감같이 중요하지도
않은 사소한 내용에 집착하는 좀팽이가 되라는 뜻이 아니란 점! 기억하세요. 깐깐해지
라는 말과 만족함을 알라는 부자마인드가 적절하게 조화가 되려면 어떤 원리가 필요한
지 스스로 생각해보세요.

29) 정말로 무능한 사람들을 자주 보면서 저 사람들은 왜 저렇게 행동할까?에 대해서
많이 생각해 봤습니다. 찬찬히 들여다보면, 대체로 유년시절에 부모 영향을 받았거나,
결혼 후에 배우자의 영향을 받아서 그렇습니다. 하지만, 결국 '누구의 영향을 받았는가'
보다는 '왜, 남의 영향을 받아서 이상한 행동을 하는가?'입니다. 만일, 여러분이 매사에
'줏대'를 가지려고 노력하다보면, 향후 언젠가 '줏대'가 생기게 될 겁니다. 줏대를 가지
려는 노력을 하지 않다보니, 부모와 배우자로부터 속수무책으로 좋지 않은 영향까지
받아들이게 된 것입니다. 결국 모든 것은 자기 할 나름이라는 거죠. 스스로 자기개발에
소홀했고, 자신이 태어난 이유에 대한 깊은 고민이 없었기 때문에 부모와 배우자 영향
을 받아서 경매투자도 못하게 되는 특이한 성격이 생겨버린 것은 매우 안타까운 일입
니다. 그래서, 제가 가끔 우스개 소리를 합니다. '이번 생은 대충 포기하고, 다시 태어나
서 경매공부하시라..'고 말입니다.

그러다보니, 무슨 일이든 대충하게 되는 거죠. 결론적으로 경매하수들은 '스스로 어른스럽지 못하다!'는 평가를 듣기에 충분한 성격을 가졌습니다. 혼자서는 못하고 누군가 통제를 해줘야 겨우겨우 하는 수준은 '주인' '부자' '어른' 이라는 말과 전혀 어울리지 않습니다.

이런 성격적인 결함을 가진 사람은 부단한 노력을 통해서, 성격적 결함을 만든 환경적 요인에서 탈출해야 합니다. 부모로 부터 온 습성은 부모의 간섭을 덜 받는 방향으로, 배우자로부터 온 간섭은 배우자의 간섭을 덜 받는 방향으로 움직여야 합니다.

특별한 성격적 결함이 없는 분들은, 일단 모든 것은 본인의 노력에 달렸다고 보면 됩니다. 경매실전기술은 이미 협회에서 입증된 기술을 보유하고 있으니, 다만 노력하는 본인에게 전적으로 모든 것이 달린 것이죠. 어찌보면, 대다수 분들에게는 뚜렷한 희망이 보일 겁니다. 오직 나의 노력에 달렸다는 말은 내가 내 의지로 운명을 바꿀 수 있다는 뜻과 같기 때문입니다.

4. 경매하수들은 공감지각능력이 떨어지며 자신만의 세계에 빠져있다.

경매하수들의 성격은 대체로 주관이 강하다고 할까? 고집이 세다고 할까? 뭔가 사회생활을 하는데 있어서 많이 부족합니다.

사회에서 성공하려면 대다수 사람들이 갖는 보편적인 가치를 알아야 합니다. 정부가 경제정책을 펼칠 때는 서민과 부자의 입장에서 어느 한쪽에 치우침이 없어야 합니다. 서민도 부자도 똑같은 사람이자 국민이죠. 아마도, 노력을 했어도 부자가 더 노력을 했을 것입니다.

이것은 매우 평범한 이치입니다. 하지만, 부자들에게 적대적인 사람들은 두가지 양면을 동시에 보지 않고 서민이라는 단면만 바라 봅니다. 평생동안 서민만 할 것처럼, 아니 꼭 서민으로만 살아야 한다는 다짐을 하는 것처럼, 누군가 부자들의 입장을 말하면 적대감을 갖습니다. 공감지각능력이 없어서 어느 한 쪽만 바라보는 사람들의 폐해입니다.

위인들의 전기를 읽다 보면 그들은 동양이든 서양이든 현재든 옛날이든 가리지 않고 공통된 사고방식과 행동양식을 보여 줍니다. 유명해지고 싶나요? 늙어서 죽을 때 마음 충만한 상태에서 죽고 싶나요? 보람찬 인생을 살고 싶나요? 그렇다면, 보편적인 위인들의 행적을 따라가려고 노력해야 합니다.

그러나, 경매하수들은 보편적인 가치보다는 '나의 생각' '나의 감정'을 최우선 시 합니다. 경매하수들은 마치 어린아이처럼 자신 밖에 모르고, 자신의 주장과 자신의 눈에 보이는 현실이 제일 중요하다고 생각합니다. 이런 성격은 유년시절부터 가정내

에서 형성되거나, 때로는 성장한 후에 특별한 환경과 경험 속에 노출되면서도 생깁니다.[30]

자기 생각이 제일 중요한 사람들은, 주로 타인의 감정을 공감하는 능력이 매우 떨어집니다. 그러다보면, 타인은 자신을 무시하게 되죠. 타인이 자신을 잘 이해해 주지 않는다는 것을 알게 되면, 점점 더 자신만의 세계로 빠져들게 됩니다. 그러다보니, 자신과 전혀 다른 성격을 가진 중개업소를 상대로 시세조사할 때, 중개업소의 언어를 잘 이해하지 못하게 됩니다.

그들에겐 타인의 말은 그저 외계어로 들릴 뿐, 어떤 속뜻을 가진 것인지 알지 못합니다. 참으로 안타까운 일이 아닐 수 없습니다. 제대로 된 귀와 눈을 가지기만 하면, 반드시 성공하는 정말 쉬운 재테크가 바로! 경매투자임에도 그들만의 이유로 알지 못하니 말입니다. 옛말에 귀와 눈이 밝은 사람을 똑똑하다고 합니다. '귀와 눈이 밝다'를 한자로 '총명(聰 : 귀밝을 총, 明 : 눈밝을 명)하다'고 합니다. 즉 총명하다는 말은 보거나 들은 것을 오래 기억하는 힘이 있다는 뜻입니다. 즉, 제대로 보고 듣는 능

---

30) 참으로 답답한 사람들이 이런 사람들입니다. 분명 눈을 마주보고 귀로 듣고 있건만, 조금만 지나면 기억조차 못하고 자기 맘대로 합니다. 앞에서 들은 척하고 뒤에선 무시하는 아주 기분 나쁜 부류입니다. 가르치고 나서도 바로, 후회가 되는 부류입니다. 경매를 가르칠 때, 정성껏 가르치더라도 며칠 지나서 하는 것을 보면, 처음부터 듣지 않았던 사람처럼 행동하는 겁니다. 참으로 안타까운 일입니다. 스스로 좋아서 이런 성격이 되었을리는 없겠지만, 어쨌든 자신의 성격에 대한 최종 책임자는 본인이라는 관점에서 보면 충분히 비판받을 만한 성격입니다. 스스로 자신의 성격관리에 엄격해야 할 것입니다.

력이 좋은 사람을 일러서 총명하다고 합니다.

[31]'공감지각능력'은 통상 유년기에 형성된다고 합니다. 공감능력이 없는 사람들이 정치를 하거나 대통령이 될 때 생기는 다양한 문제를 우리는 익히 알고 있습니다.

재벌가족, 정치인 등 소위 엘리트들의 가장 큰 문제는 공감능력이 부족하다는 것입니다. 다른 직장, 다른 재테크에서 다른 방식으로 성장가능할지는 모르지만, 적어도 경매투자에서는 절대로!! 성공하지 못합니다.[32] 그래서 그런지, 경매투자로 돈을 버는 사람들은 타인과 공감하는 능력이 발달되어 있습니다.

---

31) 공감지각능력은 정말로 중요한 거 같습니다. 시세조사할 때도, 명도업무를 진행할 때도 사람을 상대합니다. 수리/수선할 때도 마찬가지 입니다. 역지사지라는 말이 있습니다. 처지를 바꿔서 생각하는 것을 말하는데요. 상대방의 처지를 관찰하고 마음도 관찰해서 헤아리는 능력을 키워나가는 연습을 하십시오. 그래야, 경매투자에서 성공하게 됩니다. 애초에 공감능력이 떨어지는 사람은 절대로! 단언컨대, 경매투자에서 성공하기 어렵습니다. 경매로 돈벌고 싶으신가요? 그렇다면, 공감지각능력을 키우기 위해서 기를 쓰고 노력하세요. 공감능력이 떨어지는 사람은 대체로 자신의 문제점을 대놓고 얘기해도 별로 중요한 문제로 받아들이지 않는다는 점입니다. 이 점이 참으로 답답한 것이죠.
32) 그러므로, 경매투자로 성공하기 위해서는 공감지각능력을 키우고 확대해 나가야 합니다. 공감지각능력을 키우는 방법은 우선, 자신의 현재 성격과 행동거지를 객관적으로 봐야 합니다. 또, 주변 사람들에게 솔직하고 진솔하게 자신의 문제점을 지적해달라고 요구해야 합니다. 주변사람들로부터, '넌, 너무 니 말만 하고 다른 사람의 말을 듣지 않아.'라는 말을 듣게 되면 오히려 고마워하세요. 그리고, 의도적으로 남을 대화로 끌어들여서 말을 많이 해보세요. 내 말을 하고 싶어 입이 근질거릴때까지 우선 자신의 의견을 말하지 말고 남의 말만 들어보려고 노력하세요. 이미 악습으로 굳어버린 행동을 이를 악물고 참아보세요.

5. 경매하수들은 책과 영화, 인터넷 등 다양한 매체를 자주 접하지 않는다.

경매를 가르치다보면, 거의 대다수가 책과 각종 매체를 잘 접하지 않는다는 것을 알게 되어 깜짝 놀랄 때가 한두 번이 아닙니다. 직장인들은 자기개발에 바쁠 줄 알았는데요. 실제로 압도적인 직장인들은 퇴근 후 자기개발보다는 그냥 휴식이라는 단어에 몰입하는 느낌입니다. 휴식은 체력이 달릴 수도 있지만, 체력과 무관하게 단지 여러분이 갖고 있는 개인적인 가치관의 문제일 수도 있습니다.

일했으니 쉬어야지. 일했으니 놀아야지. 맞는 말입니다. 그러나, 단지 휴식이라는 단어 속에서 '우리 개인들의 발전'을 너무 쉽게 포기해 버리는 것은 아닐지 생각해 봐야 합니다. 직장 출퇴근 전후로 '나는 쉬기도 바쁜데, 무슨 자기개발이며? 뭔 책을 보라는 말이냐?'고 말하는 사람들이 되게 많습니다. 하지만, 소수의 부지런한 사람들은 바쁜 중에도 할 일은 다 합니다. 그리고, 그런 사람들이 상대적으로 더 부자로 삽니다.

그도 그럴 것이, 회사 일만 하고 자기개발을 하지 않는 것은 일평생 남의 일만 해주고 자기 좋은 일은 하지 않는 것과 같기 때문입니다. 월급을 타서 자기 입에 쌀을 넣는 것으로 만족하는 삶에 무슨 발전이 있겠습니까? 일은 일이고 나는 나입니다. 일은 생계의 수단이라면, 나의 실력을 개발하는 것은 별도의 시간을 들여서라도 해야 하는 것입니다.

책과 영화, 인터넷검색 그리고 다양한 매체를 많이 접하라는 말은 따지고 보면 '간접경험'[33] 을 많이 하라는 것입니다. 사람은 경험을 통해서 똑똑해집니다. 경험은 직접경험과 간접경험으로 나누는 데요. 현실적으로, 모든 경험을 직접 몸으로 습득할 수는 없습니다.

그렇기 때문에 더욱더 간접경험이 매우 중요해지는 것입니다. 간접경험을 많이 할수록 경험치가 올라가고 똑똑해집니다. 직접경험이 제일 좋긴 하지만, 한정된 시간 내에서는 간접경험이 더 중요할 수밖에 없습니다.

책과 영화, 인터넷 검색을 통해서, 자칫 편향되기 쉬운 나의 생각들을 넓혀 나가야 합니다. 생각을 넓히면 넓힐수록, 경매투

---

33) 간접경험은 우리의 한정된 시간내에서 우리를 단시간에 발전시킬 수 있는 방식입니다. 직접경험은 시간과 비용, 그리고 다양한 리스크를 우리가 직접 겪어야 하지만, 간접경험은 시간과 비용을 단축시키면서 얻을 것을 다 얻어낼 수 있는 매우 좋은 방식입니다. 다만, 간접경험을 통해서 이런 장점을 얻으려면 간접경험의 대상을 면밀히 관찰하고, 그 속에서 핵심을 뽑아내는 깊은 분석력을 갖추어야 합니다. 이 방식은 말도 쉽고, 실행도 쉽지만 어떻게 하는지 방법을 몰라서 헤매는 것입니다. 여러분이 방법만 알면 너무 쉬운 것이 간접경험이고, 간접경험을 많이 함으로써 수많은 지혜와 지식을 얻을 수 있습니다. 그로 인해, 하는 일마다 순조롭게 되는 겁니다. 사실, 사람이 망할 때는 매우 간단하고 사소한 사실을 망각해서 망하지, 엄청 대단한 비결을 몰라서 망하는 것이 아닙니다.

자를 잘하게 됩니다. 왜 그럴까요? 앞서 경매를 못하는 사람들
은 타인과 공감능력이 없었기 때문이라고 했습니다.

왜 그럴까요? 책과 영화, 인터넷은 기본적으로 대중이 공감하
지 않으면, 결국 실패합니다. 그렇기때문에, 이들 매체들은 기본
적으로 대중과 공감하는 소재와 공감하는 방식에 대해서 언급
하고 쓰여집니다. 그러므로, 이들 매체를 자주 접하면 대중적인
가치관을 얻을 수 있습니다. 공감능력이 떨어진다면, 꼭 이 방
법을 사용하기 바랍니다.

공감능력이 예민하게 발달하면 할수록 이익은 커집니다. 다
만, 편향된 공감능력은 금물입니다. 그러므로, 다양한 시각들을
먼저 얻은 후, 나의 입장에서 나에게 이익이 되는 방식으로 취
사선택해야 합니다. 다만, 걱정인 것은 좁은 시야를 가진 사람
은 이 말을 들어도 절대로 바뀌지 않는다는 점입니다. 물론, 그
런 사람이 이 책을 접한다면 꼭 명심하세요. 닫힌 시각과 마음
으로는 일평생 부자의 길 근처에도 가지 못한다는 점을 말입니
다. 속는 셈 치고 100%믿고 따라해 보시기 바랍니다.

그건 그렇고 이런 매체들을 아무 생각도 없이 그저 재미로 보
기만 한다면, 당연히 어떤 교훈도 얻지 못할 겁니다. 다양한 매
체를 보면서 간접경험을 하는 방법은 매체를 접하는 태도에 있
습니다. 비판적인 태도, 객관적인 태도, 기억하려는 태도를 유지

하면서 매체를 접해야만 간접경험이 알차게 늡니다. 멍한 정신
으로 무비판적으로 접하게 되면 아무 것도 얻을 순 없을 겁니다.

　같은 영화를 보고, 같은 책을 봐도 전혀 다른 방식으로 생각
하는 이유는 바로! 받아들이는 방식이 각기 다르기 때문입니다.
받아들이는 방식은 위에 얘기한 것처럼, 비판적인 태도와 객관
적인 태도, 실증적인 태도 등입니다. 꼭 기억하세요!!34)

　6. 경매하수들은 집, 학교, 직장 어디에서도 '말'의 중요성을 배우지
　　못했다.

　저는 늘 한국의 교육이 대단히 문제있다고 생각하는 사람입
니다. 교육이란, 사람을 만드는 것인데요. 인생에 별로 도움이
안되는 사소한 기능을 익히는 것을 중심으로 온 나라가 혈안이
되어 있습니다. 정작 인생을 살아가는데 필요한 인간성에는 초
점을 맞추지 않습니다. 인간성은 근면성, 성실성, 협동심, 인내
력, 일관성, 의지력, 추진력, 예의범절 같은 겁니다. 이런 인간성
을 유지하고 발전시키는 것은 '부유함'입니다.35)

---

34) 간접경험에 목을 매야 합니다. 어차피 직접경험을 하기엔 우리에게 너무 시간이 부
족합니다. 간접경험을 넓히되, 짬을 내야 합니다. 직장생활하느라고 바빠서요. 사회생활
하느라고 바빠서요. 먹고살기 바빠서요. 라는 핑계를 댈거면, 그냥 지금처럼 살면 됩니다.
지금과 다르게 살고 싶다면, 핑계를 대지 마세요. 간접경험을 많이 하기 위해서 아이디어
를 짜내세요. 안되면 되게 하라!! 이 말을 기억하세요. 직접경험도 부족해... 간접경험도
부족해.. 아는게 별로 없으니.. 하는 일이 잘 안되고, 판단을 잘하고 싶어도 아는게 없어서
판단도 실수하게 됩니다. 그러니, 당연히 성공보다는 실패가 많을 수밖에 없습니다.

돈이 없으면 인간성은 무너집니다.[36] 자존감도 없어집니다. 영어단어를 외우는 것보다 더 중요한 것이 자존감이고 그 자존감은 돈에서 출발합니다. 온 세계를 막론하고, 왕이든 일반 백성이든, 대통령이든 노숙자든, 잘 살펴보면 돈 때문에 전쟁도 나고 돈 때문에 생명이 없어지기도 합니다. 출세한다는 말, 대기업에 들어간다는 말, 정치를 한다는 말, 기업을 한다는 말, 공무원이 된다는 말, 안정적인 직장이라는 말, 좋은 신랑감이라는 말, 집안이 좋다는 말, 어떤 말에도 돈은 필수조건으로 포함된 말입니다.

제가 어릴 적에는 공부타령이 심하지 않았던 시절이었습니

---

35) 과거 2000년대 초만 해도, 돈 얘기를 공개적으로 하는 것을 터부시 하던 시절이었습니다. 저야 워낙에 실리주의를 추구하고 남의 눈치를 잘 보지 않는 편인지라, 공개적으로 돈 얘기를 당당하게 했습니다. 솔직히 돈을 벌지 못한다면, 여러분들 중 몇 명이나 직장생활을 할까요? 월급이 많으나 적으나, 전부 다 돈을 벌기 위해서 직장을 다니는 거 아닙니까? 부자가 된다는 생각을 일반인들이 아예 하지 않는 이유는 아마도, '나 같은 게 부자씩이나 되겠어??'라는 엄청난 자기불신에 기인한 것일 겁니다. 부자가 되는 것은 여러분의 꿈이 아니라, 의무입니다. 이런 의무를 방기하면 안되겠습니다. 의무라는 말은 부자가 되면 당연한 것이고, 부자가 안되면 안된다! 는 뜻을 내포하는 말입니다.

36) 돈을 벌어 부자가 되면, 인간성이 찾아진다고 말하는 이유를 연구해 보세요. 우리 사회에서 가끔 돈이 많은 사람이 이른바 '갑질'을 하는 것을 볼때마다, 돈을 가진 사람에 대한 적대감이 느는 것은 사실입니다. 하지만, 돈이 있는 사람이 못되게 구는 것보다 돈이 없는 사람이 못되게 구는 것이 더 많습니다. 뭐든 절대적인 것은 없습니다만, 굳이 돈을 벌면 인간성이 찾아진다고 표현한 이유를 생각해 보시기 바랍니다. 아마도, 인간답게 살기 위해서는, 돈을 빼놓고서는 상상하기 어렵습니다. 인간성을 회복하고 존중받기 위해서는 반드시 부자가 되어야 합니다. 부자가 안된다면, 뭔가 돈으로 하고 싶은 일이 있을 때마다 자꾸만 망설이게 됩니다. 여러분이 원하는 삶은 쓰고 싶은 곳이 있어도 돈이 없어서 매번 망설이는 삶인가요? 망설이는 삶 속에는 어떤 아름다움도 찾아볼 수 없습니다. 그저, 힘들어하는 돈의 노예만 있을 뿐이죠. 인간답게 살고 싶으세요?그럼 부자가 되세요. 하지만, 이것은 기본에 불과합니다.

다. 하지만, 요즘은 어린 초등학생들 조차도 공부에 묻혀 지냅니다. 학교공부가 우리의 인생에서 그다지 중요한 것이 아니란 것을 그들의 부모는 잘 모르나 봅니다. 학창시절의 공부는 시험 성적을 잘 받기 위해서일 뿐입니다. 서울대를 나와도 말도 안되는 상식 이하의 짓을 하는 사람들을 자주 보게 됩니다. 제일 중요한 것은 사회 속에서 성장을 잘 하기 위한 '인성'을 배양해주는 것이 제일 중요한데 말이죠.

경매투자에서 제일 중요한 능력은 '말'을 잘하는 능력입니다.[37) 말은 타인과 공감능력이 기본이죠. 말은 일종의 군인들이 사용하는 암호 같은 겁니다. 군인들 간에 암호가 통하지 않으면 전쟁을 수행할 수 없습니다. 말이 잘 안 통하면, 직장생활도 원활하게 할 수 없으며, 만일 사장이 고객과 말이 통하지 않는다면 그 회사는 필히 망하고 말 겁니다.

'말이 통하는 사람이다!'라는 표현은 그 사람과 소통이 잘 되고, 만나면 편안하다는 것을 의미합니다. 이렇게 '말이 잘통하는

---

37) 경매초보들은 말을 잘하는 능력의 중요성을 쉽게 납득하지 못합니다. 경매공부의 맛은 역시 권리분석이지..! 라고 생각을 합니다. 그래서, 저는 늘 경매초보들에게 경매의 실체를 가르치고 진정으로 돈을 벌기 위해서 필요한 능력에 대해서 가르치는 것을 빠뜨리지 않습니다. 즉, '올바른 경매공부법'을 필수적으로 지도합니다. 전혀 효과적이지 않는 공부방식을 고집하면서도 효과적으로 돈을 벌 수 있다고 생각하는 것은 인과의 법칙을 철저히 무시하는 행동입니다. 인과의 법칙은 우주 법칙으로 반드시 지켜지는 법칙입니다. 그러므로, 좋은 결과를 원한다면, 좋은 원인을 하나씩 지어가야 합니다. '말을 잘하는 능력'은 경매로 성공하기 위한 '좋은 원인'에 해당됩니다.

상태! 편안한 상태!'에서는 시세조사가 매우 잘 됩니다. 말을 잘하는 사람은 많은 양의 정보를 수집할 수 있습니다. 수집된 정보가 많으면, 매사에 실수하는 일이 적어지게 됩니다.

이렇게 중요한 기능을 하는 '말'을 잘해야 한다고 배운 적이 있으신가요? 가정이나 학교에서 말을 잘해야 한다고 교육하기는 하는가요? 제가 알기로는, 어떤 곳에서도 말의 중요성을 교육하는 곳은 없습니다. 왜 형식적인 교육에만 매달릴 뿐 좀 더 근본적인 성장을 할 수 있는 교육을 하지 않는 것일까요?

학교에서는 이런 점을 기대하기 어렵다고 봐야 합니다. 학교 선생님들 또한 이런 교육을 받아본 적이 없으므로 학생들에게 이런 가치를 전달할 수 없을 겁니다. 그렇기 때문에, 결국! 가정 내에서 이제부터라도 인성 중심, 공감능력 중심, 소통하는 능력 중심으로 교육해야 합니다. 학교에서도, 사회에서도, 국가도 여러분에게 중요한 가치를 전달해주지 않습니다. 오로지 스스로 노력해야 할 몫입니다.

여러분이 부모라면, 스스로 빨리 노력하시고 자식에게도 학교 공부 보다는 더 실속있는 '말'을 잘하게 하고, 타인과 소통하게 하는 교육을 시키십시오. 요즘 사회 문제 중, 학생들의 왕따, 집단폭행 이런 것은 모두 다 정작 중요한 가치를 가르쳐주지 못하기 때문에 발생하는 것입니다. 결국, 제일 중요한 것은 가정교육입니다.

부모는 자식에게 돈을 물려주는 것보다 돈을 버는 힘을 키워 줘야 합니다. 성적보다는 돈을 더 중시 여기는 사람으로 키우시기 바랍니다. 공자는 '배우고 때로 익히니 또한 즐겁지 아니한가?'라고 했습니다. 공자가 말하는 '배운다'는 것은 학교공부를 배운다는 말이 아닙니다. '배운다'는 것은 나이를 가리지 말고, 주제를 가리지 말고, 두루두루 배우는 것을 말합니다.

다시 정리하자면, 경매투자는 90%가 말로 하는 것이므로,[38] 우리는 '말을 잘하는 능력'을 배양하기 위해서 노력해야 합니다. 말을 잘한다는 것은 더듬거리지 않고 빠르게 하는 것이 아닙니다. 상대방에게 내가 생각하는 것을 있는 그대로 100%를 잘 전달하고, 그 말을 들은 상대방이 마음을 움직일 정도될 때 말을 잘한다고 하는 겁니다.[39]

---

38) 경매의 90%는 말이다. 초창기에 이 말을 듣는 사람들의 눈이 휘둥그레지는 것을 자주 봤습니다. 그러나, 이것이 경매의 본 모습이고 실체입니다. 경매의 실체는 90%가 말이니, 당연히 경매를 공략하는 사람들의 관심사는 말이어야 합니다. 주식도 심리게임이고 골프도 심리게임이라고 합니다. 그러므로 당연히 심리에 대한 공부도 많이 해야 하는 것이죠. 경매는 말이 90%입니다. 말은 입으로 합니다. 그렇다고 육체적인 입으로 하는 것이 아니라, 머리로 생각한 후 말을 하는 것입니다. 그러므로, 말을 잘하는 것은 머리가 좋다는 말과 같습니다. 머리가 좋다고 하면, 사람들은 '공부를 잘한다. 좋은 대학을 간다. 좋은 직장을 다닌다.'로 생각하는 악습이 있습니다. 그러나, 앞서 여러 곳에서 언급했듯이 속칭 '공부를 잘한다'는 그런 머리는 '돈을 잘 못버는 딱딱한 머리'입니다. 제가 말하는 '돈을 잘 버는 머리'는 말을 잘하는 머리, 이리저리 '상황파악을 잘하는 머리'를 말하는 것입니다. 대기업 출신의 학생과 전문직업을 가진 학생도 가르쳐보면, 법원경매처럼 쉬운 것을 정복하지 못합니다. 그냥 평범한 주부가 더 잘하는 것을 자주 봅니다. 결국, 핵심은 '융통성과 집중력, 열정'이 사회속에서 성공한 사람들보다 훨씬 높습니다. 사회속에서 성공한 사람들이 경매를 더 못하는 이유는 오로지! 자기 스스로 경매공부를 시킨대로 하지 않고, 말을 잘 듣지 않기 때문입니다. 즉 고집이 세다는 것이죠.

검을 잘 다룬다는 것은 검을 들고 단순히 빨리 휘두르는 것이 아니라, 검을 가지고 다양한 형태로 검을 펼쳐낼 수 있는 능력을 말합니다. 김연아가 스케이트를 잘 탄다고 하는 것은 그저 평지를 쌩쌩 잘 달리기 때문이 아니라, 다양한 동작을 아름답게 연출하기 때문입니다.

말을 잘한다는 것의 의미를 잘 생각해 보시고, 그 말이란 것을 잘 해서 경매투자에 잘 이용하는 것이 어떤 식으로 이뤄지는 것인지도 생각해 보십시오. 그러면 길이 보일 겁니다.

7. 경매하수들은 생전에 '조사'라는 것을 해보지 않은 아마추어들이다.

아마추어와 프로의 실력차이는 엄청나게 큽니다. 예전에 TV에서 국가대표 축구선수 1명과 아마추어 축구선수 3명이 볼 뺏기를 하는데도 아마추어 3명이 프로 1명을 어떻게 하지 못하는 것을 보고 많이 놀랐던 적이 있습니다. 그때 보고 깨달았습니다. '아하! 프로와 아마추어는 이렇게 엄청난 차이가 나는 구나!'라고 말입니다.

---

39) 말을 잘한다는 것의 의미를 꼭 기억하세요. 이 부분을 여러 번 읽으세요. 상대방의 마음을 움직일 수 있어야 말을 잘하는 것이라는 점을 기억하세요. 그렇다면, 그 말이란 것은 단지 목소리만 의미하는 것 일까요? 목소리, 단어, 조사, 뉘앙스, 음색 그리고 표정도 빠지지 않을 겁니다. 중요합니다. 꼭 기억하세요. 시세조사와 말의 상관관계는 이 부분이 제일 중요합니다.

여러분에게 경매하수라고 칭한다고 해서 기분 나빠할 이유는 없습니다. 경매를 처음하는 사람이라면, 누구나 하수일 뿐입니다. 그리고, 경매를 단지 오래 경험했다고 해서 저절로 고수가 되진 않는다는 것도 여러분은 아실 겁니다. 어떤 스포츠든 고수가 되기 위해서는 특별한 훈련과정과 훈련기술이 따로 존재하는 것도 아실 겁니다.

아마추어 선수생활을 10년간 했다고 해서 저절로 프로 선수가 되는 것이 아니지 않습니까? 프로 선수가 되려면 우선적으로. 아마추어 선수 중에서도 실력이 뛰어난 사람을 선발한 후 '별도의 기술훈련과 체력훈련'을 거쳐야만 프로가 되는 것입니다.

사실 여러분은 이런 별도의 '기술훈련과 체력훈련'을 거치지 않고 여태까지 그냥저냥 별 생각없이 조사라는 것을 했을 겁니다. 사실 좀 더 솔직히 말하면 조사라는 단어 자체도 생소한 느낌이 들지도 모릅니다. 대부분 중개업자로부터 어떤 시세정보를 듣는 순간에 '믿거나 믿지 않거나 둘 중 하나'를 선택했을 겁니다.

하지만, 앞으로는 시세조사라는 단어에 집착해야 합니다. 우리가 궁금해하는 모든 것은 조사를 통해서 결론이 난다는 점 기억해야 합니다. 세련되지 않은 기법으로 시세조사의 고수 즉 프로가 되기 위해서는 기본적으로 말을 좀 잘하는 능력을 갖춘 후, 제대로 된 시세조사 기법을 배워야 합니다. 또 그렇게 해서 터득한 기술을 반복적으로 연습해야 합니다. 그 후 많은 깨달음을 얻은 후에야 비로소, 시세조사 고수가 되는 겁니다.[40]

하지만, 경매하수들은 시세조사를 잘하기 위해서는 이런 3단계 구조를 거친다는 것을 모릅니다. 그냥 '왜? 안되지? 나는 안되나봐.. 이렇게 어려운 것이었어?.. 시세조사 아무나 하는 거 아니구나!..' 이런 식으로만 생각합니다.

여러분이 무엇인가 터득하고 싶은데, 잘 이해가 안되고 모를 때, 어떻게 하면 될까요? 이해하기 어려운 전체과정을 낱낱이 토막을 쳐서 세분화한 후, 세분화한 것들을 개별적으로 좀 더 확대합니다. 그러면 그전에 잘 안보였던 작은 것이 커지면서 자세히 볼 수 있게 됩니다. 자세히 볼 수만 있다면, 경매하수들이 경매투자 중에 생겼던 답답증을 해결할 수 있습니다.[41]

---

40) 1단계: 말을 잘하는 능력을 갖춘다. 2단계: 시세조사기법을 배운다. 3단계: 기술을 반복해서 훈련하며 내 것으로 만든다. 이 순서를 살펴보면 기본적으로 말을 잘하는 능력이 전제조건으로 되어 있습니다. 그 후, 별도의 시세조사기법을 배웁니다. 말을 잘하는 능력이 갖춰져 있지 않으면, 제가 가르쳐주는 시세조사기법을 배운다고 해도 실력이 늘지 않습니다. 그래서, 스파레쥬에서는 시세조사기법을 가르치고 훈련시킴과 동시에 말하는 능력의 중요성을 강조하고, 그 능력을 개발해주려고 애를 씁니다. 말하는 능력이란? 결국 밝은 성격에서 나옵니다. 밝은 성격을 바탕으로 해서 말을 잘하게 된다는 점 기억하세요! 통상 우울한 성격과 편향적인 사고방식을 가진 사람은 1단계인 말을 잘하는 능력이 없어서 2단계인 시세조사기법을 자기 것으로 만들지 못하는 겁니다.
41) 어떤 일이든 세밀하게 보지 않으면 '한덩이' 사건으로 보입니다. 그렇게 '한덩이'인 줄로만 알았던 사실을 여러 조각으로 나눠보면 의외로 많은 것이 보입니다. 무엇이든!! 세분화해서 조각을 나눠보세요. 이렇게도 나눠보고, 저렇게도 나눠보세요. 그 후, 나눠진 조각들을 확대해 보세요. 주변상황들 모두를 지금 말하는 '나눔과 확대 기술'을 적용해보세요.

이 방식은 제가 지금까지 투자하거나 사업하면서 터득한 생활의 지혜입니다. 결론적으로 경매초보가 시세조사를 잘못하는 것은 너무 당연한 것이며, 잘못하기 때문에 반복훈련을 해야 하며, 잘못하기 때문에 제대로 된 시세조사기법이 필요한 것이며, 시세조사기법을 배워도 제대로 못하기 때문에 말을 잘 하는 법도 배워야 하는 겁니다.

시세조사를 잘 하고 싶나요? 우선 말을 잘하는 연습부터 합시다!!

4장. 시세조사를 잘하려면 어떻게 해야 할까?

1. 시세조사를 잘하려면 강력계형사처럼 의심하는 습관을 들여야 한다.

강력계형사를 떠올리면 무슨 생각이 드시나요? 그냥 왠지 강하고 엄격한 느낌이 들 겁니다. 물론 단어가 갖고 있는 뉘앙스와 현실세계의 형사들이 보여주는 모습과는 상당한 차이가 있습니다. 지금 제가 말하는 '강력계형사'는 뉘앙스 관점에서 '엄격하고 조사능력이 탁월한 사람'을 말합니다.[42] 마치 셜록홈즈

---

42) 이 말을 잘 기억하세요. 협회에서 매우 중요하게 여기는 말 중 하나입니다. '강력계형사처럼 의심하라'는 말은 오랫동안 많은 PT스파레쥬들이 배우고 익히던 투자기술입니다.

같은 탐정을 말입니다.

'의심한다'는 말의 의미는 기본적으로 믿지 않는다는 것입니다. 믿지 않는다는 것은 전혀 믿지 않는 것이 아니라, '먼저 키핑 (keeping)하고 나중에 믿든지 안 믿든지 하겠다'는 말입니다. '키핑한 다'는 것은 아무런 사심없이 보관한다는 것입니다. '보관한다'는 것은 품질 그대로 보관한다는 것입니다. '품질 그대로'라는 말은 애초에 들었던 단어와 뉘앙스 자체를 그대로 보관하는 것을 말합니다.

왜 그런가? 시간이 지나면, 기억은 점점 퇴색되고 자의적으로 편집됩니다. 그런 정보는 사실상 오염된 정보인 셈이죠. 오염된 정보는 믿을 수가 없습니다. 이렇게 오염된 정보를 믿고 투자했다가, 만에 하나라도 오판을 해서 돈을 벌기는 커녕 오히려 손해만 보는 경우가 많습니다.

우선 여러분에게 필요한 것은 '일단, 의심하는 버릇을 들여라!'입니다. 마치, 강력계형사가 범인을 잡기 전에 관련된 모든 사람들을 용의자로 두고, 알리바이를 하나 씩 검증하면서 범인을 찾아가는 것처럼 말이죠.

아무 생각없이 믿고 보는 습성은 금물입니다. 매사에 의심하는 습성을 들이세요. 의심부터 한다는 말을 자칫 오해하면 안됩

이 말을 잘 깨달으면, 경매투자에서 성공합니다. 의심을 한다는 말은 매사 논리적인 근거가 없이는 믿지 않는 다는 것입니다. 근거가 있어야 믿는대!! 이 말을 행동으로 옮겨보세요.

니다. 지금 저는 막무가내식 '의심'을 칭찬하는 것이 아닙니다. 막무가내식 '믿음'을 경계하는 것입니다. 아무런 근거도 없이 믿는 마음이 스르륵 들어오는 것을 인지하고, 차단하는 노력을 일컬어서 '강력계형사처럼 의심하라'고 한 것입니다.

평소, 교육생들은 다른 사람의 말을 너무 잘 믿는 편입니다. 좀 더 자세히 살펴보면 믿는다고 하기 보다는 별다른 의심을 하지 않는 것 같습니다. 이상한 것은 다른 사람의 말을 잘 믿지 않는 사람들이 유독!! 중개업소의 부정적인 말만은 그렇게 잘 믿을 수가 없다는 겁니다. 특히, 자신의 주관이 매우 강해서 주변 사람들로부터 '저 사람은 고집이 세!'라고 평가 받는 사람일수록 중개업소의 말은 아주 잘 믿습니다. 희한하지요? 그러나 분명한 사실입니다.[43]

2. 시세조사를 잘하려면 시시콜콜하게 적는 습관을 들여야 한다.

시시콜콜하게 적는다는 말의 의미를 잘 생각해 보십시오. 복잡하게 주고받는 중개업소와 대화는 상세하게 기록하지 않으

---

43) 참 이런 성격은 경매공부를 하는데 있어서 최악입니다. 이상하게도 잘하는 사람의 말을 믿지 않고, 못하는 사람의 말을 잘 믿습니다. 자기를 챙겨주는 사람의 말은 별 것 아닌 것처럼 듣고, 자기를 해코지하는 사람의 말은 천상의 목소리로 듣습니다. 자기가 낭떠러지로 걸어가는 것을 보고 가지 말라고 하며 심지어 따귀를 때려서라도 말리면, 생명의 은인으로 보기는 커녕 자유를 간섭한다고 말합니다. 그러나, 낭떠러지에서 떨어지는 것을 무심하게 방관하고, 심지어 등까지 떠미는 사람을 두고서는 그 사람이 자신을 존중하고 자신을 위한다고 생각합니다. 이렇게 세상사람들은 자신이 가진 생각들로 인해서 완전히 거꾸로 인식하고 살기도 합니다.

면, 금세 잊어버릴 수밖에 없습니다. 우리는 그 조사한 기록을 보고 고민하고 또, 판단하게 됩니다. 그러므로, 조사한 기록을 현실과 똑같이 적어놔야 합니다. 그렇지 않으면 우왕좌왕하게 됩니다. 이 말인것 같기도 하고, 저 말인것 같기도 해서, 매사에 판단불능 상태에 이르게 됩니다.

그래서, PT스파레쥬 교육생들에게는 시시콜콜한 내용도 잘 기재할 것을 교육합니다. 경매공부를 시작하게 된 상황, 이유, 마음가짐도 적으라고 합니다. 그리고, 같이 공부하는 동기들을 대상으로 해서 시세조사를 시킵니다. 상대방에게 관심을 갖고 다양한 질문들을 하고 그 질문들을 보기 좋게 적어보라고 시킵니다.

바로 1분 전에 있었던 사실도 다시 물어보면 전혀 다르게 이해하거나, 표현합니다. 도대체 우리는 왜 이럴까요? 그 원인은 매우 간단한 데 있습니다. 애초에 우리는 남의 말을 잘 듣지 않고, 관심도 없고, 그저 그런 관계 속에서 너무 대충 살았기 때문입니다.

그러다보니, 분명히 존재하는 현실과 여러분이 상상하는 모습이 다릅니다. 그런 모순들을 간과한 채 너무 대충 살았던 겁니다. 돈은 분명히 현실 속에서 탄생하는데, 여러분은 환상 속에서 살기 때문에 부조화가 생기고 매사에 뜻대로 되지 않는 것입니다. 하지만, 이젠 그만해야 합니다. 대충 살아가는 삶은 이제 그만해야 합니다. 분명히 기억하고 분명히 적어놔야 합니다. 그러다보면, 점점 더 기억력이 생기고 강해집니다.

제가 경매공부를 시킬 때, 아무리 가르쳐보려고 하더라도 적는 습관이 도대체 안 들어집니다. 거의 대다수가 편할대로 녹음만 하려고 합니다. 녹음을 한 후에 기억을 제대로 하는지는 알 수 없습니다. 시간이 지난 후 전에 녹음한 얘기를 물어봤을 때, 기억 못하는 것을 보면 역시 녹음만 한 것일 뿐 머리에 담은 것은 아니죠.

귀로 듣는 것을 올바로 적는 것도 힘들지만, 적은 메모와 글을 다시 읽을 때 즉시 이해할 수 있어야 하는데, 실질적으로 이해할 수 없는 말들만 적어 놓는 경우도 비일비재합니다.

즉 올바로 적어야 하는데, 대충 적다보니 다시 읽을 때, 고개를 갸웃거리면서 '이 말이 뭔 말이지??'라고 의아해 합니다. 분명히 자신이 적었는데도 말이죠. 적는 습관을 길들이는 것도 힘들지만, 올바로 적는 것은 더 힘듭니다. 올바로 적었다고 해도 그것이 마지막 단계가 아닙니다. 올바로 적은 것을 수시로 보고 읽고 탐구해야 합니다. 그래야만, 문제점을 찾고 보완해 나갈 수 있습니다.

즉, 시세조사를 잘하려면 첫째, 잘 적어야 하고 둘째, 올바로 적어야 하고 셋째, 수시로 탐구해야 합니다. 이 3가지를 잘하지 못하면, 결국 시세조사를 못하게 됩니다. 반대로 이 3가지를 잘 하면 시세조사를 잘하게 되며, 개발된 두뇌는 돈이 있는 방향으로 여러분을 인도해 나갈 겁니다.[44]

3. 시세조사를 잘하려면, 강력한 기억력을 키워야 한다.

시세조사를 잘하기 위해서 필요한 능력은 '강력한 기억력'입니다. 강력한 기억력은 경매성공을 위한 필수적인 요소입니다.[45] 이렇게 중요한 '기억력'을 키우는 방법을 고민하세요. 최소한 내 눈 앞에서 벌어지는 상황 정도는 꼭, 기억해야 합니다.

기억의 대상은 들리는 것, 들리지 않는 것, 보이는 것, 보이지

---

44) 잘 적고, 올바로 적고, 수시로 탐구하라! 3가지 규칙을 기억하세요.
45) 실제로 교육 당시 한 주간에 있었던 일들을 말하게 하고, 다른 교육생들에게 금방 한 얘기를 다시 물어봅니다. 그러면 대략 난감해 합니다. 전혀 관심없이 단지 듣고만 있던 교육생들이 가장 놀라고, 그래도 유심히 듣던 교육생은 대략 기억은 하는데 구체적인 상황을 기억하지 못합니다. 내가 기억해야지.. 라고 마음먹으면 왜? 기억을 못하겠습니까만은 아마도 매사에 기억하려고 하는 것은 아니었으므로 순간 당황하는 것이죠. 경매공부를 시작하려는 입장에서는 어느 정도 실력이 올라갈 때까지는 기억에 목을 매고 집중하는 습관을 들여야 합니다. 그렇게 기억력을 향상시킨 후 나중에는 기억하고 싶은 것만 기억하는 것도 좋습니다. 기억하고 싶은 것이란? 이익을 주는 사실관계를 말하며, 굳이 기억하지 않아도 대세에 영향을 미치지 않는 것은 기억하지 않아도 됩니다. 즉, 무엇을 기억하고 무엇을 기억하지 않아도 되는지를 선별하는 능력이 키워질 때까지는 가능하면 매사 기억하려고 노력하셔야 합니다.

않는 것이 포함됩니다. 들리는 것과 보이는 것을 기억한다는 말은 쉽게 이해되시죠? 하지만, 정확하게 이해하진 못할 겁니다. 들리는 것, 보이는 것을 기억한다는 말은 들리는 자체, 보이는 자체를 기억한다는 말입니다.

즉, 들리는 것과 보이는 것 자체를 기억할 뿐, 듣고 보면서 저절로 생긴 '자기의 헛된 감정'을 기억하지 말라는 겁니다. 내 감정과 생각이 포함되지 않은 '날 것!! 그대로'를 기억해야 합니다. 거의 100%에 달하는 사람들은 모든 상황을 자기 감정으로 덮어 버립니다.[46)

어떤 현상을 접한 후, 감정으로 사실을 덮어버리는 것은 위험합니다. 하지만, 어떤 현상을 접하기 전에, 감정으로 사실을 덮어버리는 것은 더 최악입니다. 제대로 듣고 보기 전부터, 사실을 왜곡시켜 버리기 때문이죠. 다른 말로, 제대로 듣고 본 것이 무엇인지 기억도 하기 전에 변질시켜 버리는 겁니다.

이런 행위는 매사에 진실 보다는 허상 속에서 여러분을 살게 합니다. 허상을 보고 허상을 믿으면, 그것이 바로! 정신병이죠.

---

46) 눈으로 보고 귀로 듣는 현실과 그것에 반응하는 나의 감정을 뚜렷하게 구분하십시오. 그것을 구분하지 못하기 때문에 경매초보 소리를 듣는 겁니다. 권리분석을 잘 외운다? 어려운 법률용어를 잘 안다? 그런다고 경매초보가 아닌 것은 아닙니다. 그것은 돈 안되는 공부입니다. 돈이 되는 공부는 엄연히 별개입니다. 이 이치는 사실. 나이 30이 넘으면 당연히 알아야 합니다. 그러나, 사람에 따라서는 나이가 60이 되어도 세상물정을 모르기도 합니다.

정신적인 문제를 가진 사람들의 대다수는 제대로 된 것을 보기 전에 감정으로 덮어 버림으로써, 진실과 실체를 접할 기회를 상실해 버립니다.

이렇듯, 강력한 기억력은 진실 그대로를 보게 함으로써, 우리의 판단력을 올곧게 만들어 줍니다. 이런 올곧음이 오랜 세월 동안 쌓이다 보면, 그 공덕이[47] 무시 못할 정도에 이르며, 여러분 앞에 상황이 생기면 그 즉시 그 진실을 파악하는 힘을 키우게 해줍니다.

4. 시세조사를 잘하려면, '효율성'의 가치를 깨달아야 한다.

경매투자에서 제일 중요한 가치는 단! 하나 입니다. 그것은 바로, '효율성'입니다. 효율성이 사라진 경매투자는 앙꼬 없는 붕어빵과 같습니다. 사실, 효율성은 어떤 재테크를 선택할 때도 매우 중요한 선택기준입니다. 다들 아시다시피, 돈 좀 벌어보겠다고 투자를 시작하지만 성공하는 사람은 매우 적습니다.

---

47) 이 책을 쓰고 있는 해가 2018년7월입니다. 저는 1998년에 처음 경매투자를 시작했고, 2000년 초부터 법인을 열고 사업을 시작했습니다. 근 20년 가까운 세월동안 우여곡절을 많이 겪었습니다. 이때 터득한 지혜가, 하나! 있는데요. 그것은 실체를 파악하고, 진실한 마음으로 생활할 때 왠만하면 길이 열리기도 하더라는 겁니다. 시세조사도, 경매투자도, 인간관계도, 실체를 바로 보는 힘을 얻기만 하면 여러분은 편안한 노후를 보내게 될 겁니다. 사람들은 늘 불안감과 혼돈에 빠져 삽니다. 혼돈과 흔들림이 없는 깨끗한 머리와 마음을 유지하려면 항상 실체를 객관적으로 보는 힘을 키워야 합니다. 실체를 바로 보지 못하면, 허상 속에서 살게 되며 결국 실패하게 됩니다.

투자는 재미삼아 하는 것이 아니라, 돈을 벌려고 하는 것입니다. 그러므로, 재테크 중 돈을 버는 쪽보다 손해보는 쪽 성질이 강한 것은 재테크라고 부를 수 없습니다. 주식이나 펀드, 상가분양, 호텔분양, 기획부동산 토지매매 등이 그런 겁니다. 생각해보세요. 성공확률보다 실패확률이 월등히 높은 것을 어떻게 재테크라고 할 수 있을까요?

통상, 투자하는 시간 대비 벌어들이는 수익이 클 때 효율성이 높다고 표현합니다. 그러므로, 효율성이 높은 투자를 하고 싶다면 투자하는 시간을 알차게 사용할 수 있는 능력을 키워야 합니다. 예를 들어, 경매공부에 많은 시간을 투자해도 효과가 없을 수도 있고, 적은 시간을 투자해도 효과가 매우 클 수도 있습니다. 공부에 투자하는 시간이 많은데도 효과가 작다면 '헛공부'를 하는 것이고, 투자하는 시간이 적은데도 효과가 크다면 올바른 공부를 하는 것입니다.

또 다른 측면에서 효율성은 경매목적물에 투입한 돈에 비해 얻을 수 있는 월세수익과 시세차익이 클 때 높아집니다. 이렇게, 효율성은 경매공부, 경매투자 그 외 다양한 분야에서 중요하게 여겨집니다. 여러분이 이 책을 보는 나이가 30대라면 아직 시간적 여유가 있지만, 만일 40대후반, 50대초반이라면 지금 한가한 때가 아닙니다. 이런 나이대 일수록 더 중요한 가치가 효율성입니다. 어떻게 하면 최단기간에 최대효과를 볼 수 있는가?를 연일 고심해야 합니다. 가장 적은 힘으로 가장 큰 효과를 보려면 어떻게 해야 할까?

무술을 예로 들자면, 가장 적은 힘을 들이고 가장 짧은 시간에 적을 제압하기 위해선 급소를 타격해야 합니다. 급소를 타격하는 일은 상대방이 놀고 있는 것이 아니기 때문에 어렵습니다. 그래서, 상대방을 방심시키기 위한 허수를 사용해야 합니다.

이런 이치를 보면 경매투자에도 적용해 볼 수 있습니다. 첫째, 다른 재테크와 경매투자를 비교해서 어지간해서는 손해보지 않는 경매투자를 선택해야 하고[48] 둘째, 경매투자를 잘하기 위해서는 경매공부를 효율적으로 해야 하고 셋째, 경매공부에도 여러 갈림길 중 가장 빠른 길을 찾아야 합니다. 넷째, 가장 빠른 길을 찾았다면 그길로 망설임 없이 뛰어들어야 합니다. 다섯째, 이왕 뛰어들었다면 쉬지 말고 노력해야 합니다.

이런 평범한 이치를 순서대로 하기만 하며, 정확한 성공의 길 위에 서 있기는 어려울지 몰라도, 적어도 성공의 길 바로 주변에서 놀게 될 겁니다. 이것이 짧은 인생에 선택할 수 있는 효율적인

---

48) 이 점이 사실 매우 어렵습니다. 분명 경매의 길에 들어왔지만 같은 부동산 바닥에서는 재개발/재건축 같은 일반매매, 시세보다 저렴한 급매와 보기에 이쁜 분양 등이 우리를 유혹합니다. 이런 유혹에 잠깐잠깐 빠지다보면 어느덧 경매투자기술이 발달하지 못합니다. 하지만, 우리를 유혹하는 투자처에서도 돈벌이가 되기 때문에 딱 뭐가 더 좋다고 말하기는 또 어렵습니다. 마치, 고시를 목표로 공부하는 학생이 학습비를 벌기 위해서 아르바이트를 하긴 하는데, 수입이 짭짤한 고액알바를 하게 될 경우, 돈을 쉽게 벌고 돈을 쓰는 재미를 들이다보니 정작 중요한 고시에 실패해버린 것과 같습니다. 고액알바가 아니었다면, 딱 공부만 할 정도로 돈을 벌었다면, 고시에 합격할 확률이 더 높아질 겁니다. 고시에 실패 후 고액알바를 평생하려고 해도, 결코 그렇게 할 수 없기 때문에 결국 염불 보다는 잿밥에 관심이 있다는 속담처럼 되 버릴 수 있습니다.

방법입니다. 효율성을 마음에 새겨둬야 그 길도 보이는 겁니다.

여러분이 경매투자의 효율성을 높이고 싶다면, 반드시 시세조사 실력을 높여야 합니다. 왜 그럴까요? 시세조사가 정확하다면, 낙찰가격을 결정하는 것이 매우 쉽기 때문입니다. 낙찰가격을 결정할 때 중요한 것은 내가 얼마를 투자했을 때, 얼마만큼 돈을 벌 수 있는지 살펴보는 것입니다.

즉 효율성을 살펴보는 것이죠. 시세조사를 잘하는 사람은, 오직 1등이 되는 것에 빠져서 너무 높게 쓸 수 없을 겁니다. 왜냐하면, 경매는 '돈을 벌기 위해서 하는 것'이므로 응찰가격에 한계가 분명히 존재합니다. 반대로, 시세조사를 잘하는 사람은 터무니없이 많이 먹기 위해서 낮은 금액으로 입찰을 하지도 않습니다. 왜냐하면, 그렇게 했다간 분명히 떨어질 것이 명확하기 때문이죠.

즉, 투자자가 너무 높은 가격을 쓰거나, 너무 소심한 낙찰금액을 결정하는 근본적인 이유는 시세조사를 잘못하기 때문입니다. 시세조사를 잘하는 사람은 분명히 먹을 만큼만 빼고 응찰가격을 쓰게 되어 있습니다.

효율성은 사실, 시간과도 밀접한 관계가 있습니다. 어떤 투자를 했는데 큰 이익이 나온다고 칩시다. 그와 동시에 조금 작은 이익이 나오는 곳도 있다고 칩시다. 그럴 경우, 처음에 큰 이익이 났지만 나중에 작은 이익이 나는 루트도 있을 것이고, 어떤 것은 처음에 작은 이익이 났지만 나중에 큰 이익이 있는 루트도 있을 겁니다. 이럴 경우, 효율성이 높은 것은 전자보다 후자쪽이 더 높을 겁니다.

대개 사람들은, 초반에 큰 돈을 벌 수 있을 때 그 시장에 뛰어 듭니다. 그 후, 수입이 하향세를 타다가 그 업을 접습니다. 저의 경우, 사업초기에는 배가 많이 고팠습니다. 그러나, 지금은 매우 잘되고 있습니다. 첫 끗발이 개 끗발이라는 말을 되새겨 볼 필요가 있습니다.

이렇듯, 투자는 근시안적으로 하지 말고 거시적 안목에서 해야합니다. 현 시점보다는 향후 60세가 되어서 은퇴할 때 쯤을 여러분의 최종 성적표를 받는 날로 규정하고 그때, 최종적으로 벌어들이는 수익이 커지는 투자방식을 선택해야 합니다. 잠시 잠깐, 더 큰 돈이 벌리면 좋아서 난리지만, 실제로 그 길보다 다른 길이 더 큰 돈을 벌 수도 있을 것이란 점도 살펴보세요.

본 교재인 '시세조사 입떼기'에서는 시세조사가 권리분석 보다 훨씬 더 중요하다는 점과 시세조사를 잘하는 것이 경매투자의 성패를 좌우할 만큼 매우 중요한 문제라는 점을 강조하고 있습니다. 정해진 시간과 정해진 자본으로 큰 효과를 보려면, 매사 마음 속에서 '효율성'이라는 단어를 새기시기 바랍니다.

5. 시세조사를 잘하려면 시세조사훈련을 쉬지 말고 해야 한다.

무슨 기술이든 숙달되는데 필요한 최소시간이 존재합니다. 개인의 능력차이에 따라서 그 최소시간이 줄어 들기도 늘어 나기도 합니다. 최소시간을 단축하는 방법은 첫째는 개인능력을 키우는 것이고, 둘째는 매일매일 반복훈련을 하는 것입니다.

예를들어, 어떤 기술을 숙달하는데 최소 100시간이 필요하다고 생각해 봅시다. 하루 10시간씩 공부하면 10일이 걸릴 것이고, 하루 5시간씩 공부하면 20일이 걸립니다. 하루 1시간씩 공부한다면 총100일이 걸립니다. 즉, 숙달에 걸리는 날을 단축하는 방법은 오로지 매일매일 많은 시간을 투자하는 방법이 최선입니다.

하루 10시간 투자해서 10일만에 얻어지는 능력이라면 하루 1시간씩해서 100일동안 하는 것보다 10일만에 1차 공부를 끝내버리고, 부족하다 싶으면 두어번 더 반복하는 것이 훨씬 더 효과적일 겁니다.[49]

49) 시간을 이렇게 무우 자르듯이 분명히 나눌 수 있는가?라고 생각할 수도 있습니다. 하지만, 제 경험상 무우 자르듯이 되는 것은 아니지만 큰 틀에서 이런 원리는 분명히 효과가 있습니다. 즉, 내가 하루에 투자할 수 있는 시간을 절대적으로 늘린다면 실력이 쌓이는 절대적인 기간은 분명하게 단축된다는 겁니다. 실력이 어느 정도 쌓이면 내려가지 않는 위치가 있습니다. 산 밑에서 산 위로 무거운 공을 밀어 올릴때, 산 정상의 평지에 올리기 전까지는 내가 밀지 않으면 다시 굴러 떨어지게 됩니다. 하지만, 산 정상의 평지에 공을 올려 놓으면 손을 놓더라도 굴러 떨어지지는 않습니다. 그래서, 경매 공부를 시작하는 초기에 경매공부를 밀어부쳐야 합니다. 밀어부치지 않으면 결국 또

시세조사실력을 단기간에 높이고 싶은가요? 그렇다면, 매일 하루 2건 이상 시세조사하세요. 그렇다고 부담을 갖고 조사할 필요는 없습니다. 가볍게 조사를 하더라도 매일매일 하는 것이 더 중요합니다. 가볍게 조사한다는 뉘앙스는 '입을 턴다.'는 느낌과 같습니다.

'입을 턴다'는 말의 느낌을 잘 생각해 보십시오. '입을 턴다'는 뜻은 좀 가볍고 유연한 뉘앙스가 있습니다. 시세조사훈련을 매일매일 빠짐없이 '재미삼아서'라도 해보세요. 그러면 놀라운 변화를 체험하게 될 겁니다.

5장. 시세조사를 잘못하는 사람은 이런 성격 이다.[50)]

1. 시세조사를 잘못하는 사람은 판단력이 떨어진다.

시세조사는 경매초보나 경매투자 경험이 많은 사람들에게도 어려운 주제입니다. 중개업소에 전화해 보십시오. 중개업소 마

실패하게 될지도 모릅니다.

50) 시세조사를 잘못하는 사람들은 분명히 있습니다. 그들만이 갖고 있는 어떤 성격도 있습니다. 제가 언급하는 성격이 있다면 시세조사를 잘못하는 사람이며, 그 사람은 결국 경매에 실패합니다. 만일 이런 성격을 가진 분들이라면 남들보다 더 신경써서 이 책을 읽고 이 책에서 제시하는 방식대로 꾸준히 연습하십시오. 그러면 여러분도 할 수 있습니다.

다 각기 다른 시세를 말할 겁니다. 분명 같은 집을 물어보는데도, 수천만원에서 수억원까지 차이가 나기도 합니다. 이런 현실을 목도하면 경매초보 입장에서는 매우 혼란스럽고, 어찌할 바를 모르게 됩니다.

그런 이유로, 경매투자자들은 거의 다 보수적인 선택을 하려고 합니다. 즉 보수적이고 소심한 사람들끼리의 한바탕 전쟁이 경매입찰입니다. 그러다보니, 그 중에서 배짱있는 사람이 낙찰받을 가능성이 높아집니다. 배짱이란 아무 이유없이 생기는 것이 아닙니다. 확실한 시세조사능력이 받쳐주고, 판단력이 분명하기 때문에 배짱이 생깁니다. 물론, 터무니없는 기대심리에 의한 무리한 입찰까지 포함해서 설명하는 것은 아닙니다.

시세조사의 문제점을 엿볼 수 있는 예로, 경매컨설팅을 들 수 있습니다. 목적물의 시세에 대해서 경매고객과 컨설턴트 사이에는 상당한 견해 차이가 납니다. 경매컨설팅이 성공하기 어려운 이유 중 가장 큰 이유는 바로 이겁니다. 컨설턴트가 시세가 얼마라고 설명하더라도, 고객은 비관적인 중개업소의 말을 하나님의 말처럼 믿어버립니다.

마치, 임진왜란 때 똑같이 일본에 사신으로 갔다 온 2명의 말이 180도 다른 것처럼 말이죠. 최근 남북문제만해도 그렇습니다. 어떤 사람은 평화가 찾아온다고 하고 또 어떤 사람은 북한에게 또 속는 것이라고 합니다. 비트코인도 그렇죠. 누구는 돈을 벌 것이라고 말하고, 누구는 망한다고 합니다.[51]

누구 말이 옳을까요? 혹자들은 나중에 시간이 지나봐야 알 수 있을 뿐이라고 합니다. 하지만, 시세조사를 잘하기만 하면 분명 '미래가 이럴 것이다'라고 미리 예측이 가능하며 최대한 정답에 근접할 수 있습니다. 마치 용한 점쟁이처럼 말이죠.

어떤 현상을 최대한 올바르게 판단하려면, 많은 정보를 수집해야 합니다. 수집한 정보가 부족할 때 올바른 판단을 내리기 어렵습니다. 판단력의 크기를 결정하는 핵심요인은 '많은 정보'와 '충분한 정보'입니다. 만일, 이렇게도 볼 수 있고 저렇게도 볼 수 있는 애매모호한 상황이라면, 그것은 정보가 부족하다는 증거입니다. 이럴 경우, 더 많은 정보를 수집하려고 노력해야 합니다.

판단력이 예리한 사람은 똑같은 양의 정보를 갖고 있더라도 실체파악을 매우 쉽게 합니다. 하지만, 경매초보에게 이런 수준을 기대할 수는 없습니다. 그래서, 경매초보에게 가장 필요한 것은 '충분한 정보'를 수집하는 능력입니다. 시세조사를 잘못하

---

51) 바로 이 부분이 '시세분석'입니다. 시세조사실력이 높은 교육생들도 시세분석에는 쩔쩔맵니다. 시세조사와 시세분석은 분명히 다르지만, 어떤 측면에서는 한 몸 입니다. 올바른 시세분석은 올바른 시세조사에서 출발합니다.

게 되면, 오판할 확률이 매우 커집니다. 오판을 자주 하는 사람이 부자가 될 리 없습니다.

누구나 실수를 하고 삽니다. 하지만, 실수 횟수가 많거나 실수에서 교훈을 얻지 못하는 사람은 결국 경매로 부자가 될 수도 없을 뿐더러 나중에는 경매시장에서 떠나게 될 겁니다. 상식적으로 판단력이 좋아야 성공하지 않겠습니까? 기억하세요.판단력을 높이는 방법은 시세조사를 통해서 최대한 많은 정보를 수집하는 것입니다.

2. 시세조사를 잘못하는 사람은 남들이 다 보는 뻔한 것도 보지 못한다.

시세조사를 잘못하는 사람은 16차선 넓은 대로를 놔두고, 꼭 좁은 샛길만 고집합니다. 뭔가 고집이 세달까? 외골수 같습니다. 방금 원리를 설명해줘도 앞에서 고개를 끄덕일 뿐 돌아서면 그대로 하지 않습니다. 어떤 경우엔 손에 사과를 쥐고도 사과를 쥔 것 조차 모릅니다.

정말 이상하다고 생각하겠지요? 하지만, 좋은 대학, 좋은 직업을 가지고서도 이런 특징을 가진 사람들이 많습니다. 평범한 사실일 뿐 별 것 아닌 것들도 이해하지 못하는 사람들이 은근히 많습니다. 그들의 공통점을 찬찬히 살펴 본 결과 발견한 것은 이겁니다. 시세조사를 잘못하는 사람들은 객관적인 사실보다는 주관적인 감정을 최우선으로 한다는 겁니다.

과거 이런 이야기가 있습니다. 술주정뱅이가 죽은 후 귀신으로 떠돌아 다녔답니다. 죽고 나니 좋아하던 술도 못마시고 배도 고프고 춥더라는 거죠. 그러다가 어디선가 천상의 음악을 듣고, 무지개 빛으로 빛나는 곳을 보게 됩니다.[52]

그 곳으로 가보니, 맛있는 냄새가 나는 것이 정말로 기분이 좋더라는 거죠. 귀신이 된 후 배고프고, 춥던 때라 얼마나 좋았겠습니까? 그런데, 막상 들어간 곳은 술을 파는 주막 문 앞에 묶어 놓은 암캐의 뱃속이었답니다. 구더기에게는 똥간이 천국인 것처럼 이 사람은 주정뱅이라서 술냄새가 나는 곳이면 어디든 좋았던 겁니다.

이 이야기 속에서 얻을 수 있는 교훈은 주관적인 감정에 따랐을 때 나타나는 부작용입니다. 시세조사할 때는 냉정해야 합니다. 시세조사를 잘하는 사람은 객관적인 사실을 더 좋아합니다. 개인감정을 중요하게 여기는 사람은 대체로 실패하고 그로인해

---

52) '제 눈에 안경'이라는 말 아실 겁니다. 다들 자기 수준에서 모든 것을 판단합니다. 결국 어떤 운명이 있는 거죠. 평소 갖고 있는 주관적인 나만의 생각과 최고를 추구하는 보편적인 생각이 따로 존재해야 합니다. 그렇지 않고 '나만의 생각'에 너무 의존할 경우, 항상 실수를 하게 됩니다. 그래서, 경매를 가르칠 때 항상 자신이 이제껏 살아왔던 모든 생각을 버릴 것을 주문합니다.

후회가 많습니다.

 감정을 중시하는 사람들은 손바닥에 금덩이를 쥐어줘도 던져 버립니다. 저는 이런 사람들을 너무 많이 보고 겪었습니다. 말로는 부자가 되고 싶다고 하지만, 행동은 절대로 부자가 되지 않겠다고 다짐합니다. 정말 신기합니다.

 분명 경매투자로 돈을 번 사람이, 길을 정해주고 가라고 해도 말을 잘 듣지 않습니다. 이제까지는 이 길을 잔소리를 해가며 가르쳤지만, 앞으로는 스스로 노력하는 사람들만 지도할 생각입니다. '하늘은 스스로 돕는 자를 돕는다'는 말처럼 말입니다.[53]

 조금만 더 내 생각을 포기하고, 조금만 더 내 마음을 내려놓으면 쉽게 드러나는 정말 쉬운 길이 있습니다. 이 글을 보는 사람들은 그나마 인연이 있는 사람이므로, 최선을 다해서 노력하되, 현재 내가 가고 있는 길과 내가 선택한 것들이 정말 나에게 좋은 것인지? 곰곰히 생각해 보세요. 그리고, 객관적인 사실과 주관적인 감정이 대립할 때는 반드시 객관적인 사실에 의존해야 합니다.

---

53) 하늘은 스스로 돕는 자를 돕는다는 것은 결국 하늘이 우리를 돕게 하려면 우리 스스로 노력을 해야 한다는 말이 되는 겁니다. 만일 그렇다면 내가 스스로 노력하긴 했는데 30%만큼만 노력했다면? 100%만큼 노력했다면? 하늘이 어떤 마음으로 어떤 형태로 도와줄까요? 이런 생각을 해보면, 결국 하늘은 100%최선을 다해서 노력하지 않는 자를 도와줄리 없다는 말이 됩니다. 스스로 최선을 다하는 삶을 살아야 하겠습니다.

3. 시세조사를 잘못하는 사람은 초기엔 소심하다가 나중엔 뻔뻔해 진다.

시세조사를 잘못하는 사람은 처음엔 겁이 매우 많습니다. 조사를 하더라도, 확실히 알지 못하다보니 자신감이 없을 수밖에 없습니다. 처음에 자신감이 없을 때나 얼굴에 표시가 나지, 시간이 지날수록 연기력과 뻔뻔함이 늘게 됩니다. 마음속으로는 자신감이 없지만, 말과 행동으로는 자신있어 합니다.

처음엔 긴장하며 법원을 다니지만, 자주 다니다보니 익숙해져서 긴장하지 않습니다. 처음 몇번 떨어질 때나 부끄럽지, 자주 떨어지다보면 부끄럽지도 않습니다. 그러다가 한두 번 붙으면 그때부터는 경매를 잘하는 사람 정도로 착각하게 됩니다. 이런 과정을 겪다보면, 처음엔 선한 사람도 점점 더 뻔뻔해집니다.

경매투자과정을 살펴보면 좋은 습관이 들여지는 것보다 좋지 못한 습관이 들여질 수밖에 없는 환경들의 연속입니다. 경매투자 과정에서 선인선과를 체험하고 그 원칙대로 살기는 정말 힘듭니다. 그때그때 카멜레온처럼 적응만 할 뿐 커다란 이치를 모르면 경매장돌뱅이가 되고 맙니다.

경매고수가 되는 길이 멀고도 먼데, 시작부터 이렇게 변하는 것을 보면 참 안타까운 일이 아닐 수 없습니다. 어쩌면 운명이 아닐까 하는 생각들도 자주 듭니다.

경매투자는 돈을 다루는 업종이다보니, 시간이 가면 갈수록 뻔뻔해지는 경향이 있습니다. 뻔뻔함과 염치없는 태도는 어설픈 경매투자자들에게서 쉽게 볼 수 있는 현상입니다. 이런 사람들이 개인투자자로 그치면 자기 혼자만 돈을 벌지 못합니다만, 남을 교육하거나 컨설팅을 하는 직업 쪽에서 머물면 그야말로 피해는 눈덩이처럼 커지게 됩니다.

경매투자와 관련된 책을 쓰거나 회원 수가 많은 카페를 10년 이상 운영하던 사람들이 회원들 돈을 가지고 사기치는 것은 드문 일도 아닙니다.[54] 진짜로 경매투자 실력이 있었다면 애초에 이런 일이 생길리가 없을 겁니다. 이런 사람들은 애초에 경매투자를 시작하지 않았다면 좋았을 것을, 굳이 돈 버는 경매투자 쪽에서 놀다보니 오히려 좋지 못한 결과가 생기는 겁니다. 이런 부작용이 자신에게 돌아오기까지 상당한 시간이 걸립니다만 반드시 이런 사고는 생깁니다.

---

54) 실제 사례들이 차고 넘칩니다. 유치권으로, NPL로, 지분경매를 강조해서 회원들을 사지로 모는 사람도 있습니다. 조사도 잘하고 명도도 잘하고 협상도 잘하고 법도 잘아는 사람에겐 쉬운 일이지만 일반적인 회원들은 피해야 할 부분인데도 아무 생각없이 떠들어서 괜한 사람들에게 피해를 주는 사람도 많습니다. 또, 다음이나 네이버에 경매 카페들의 피해사례도 많습니다. 경매투자를 남에게 가르쳐주는 사람이 경매투자로 성과를 내지 못하면서 돈을 걷어서 사기를 친 사례는 은근히 많습니다. 특히 토지 분야에도 그런 사례가 많습니다.

그래서, 경매투자는 잘되면 정말 좋게 흘러가지만 잘못된 방향으로 움직이게 되면 남에게 피해를 끼치는 사람이 되고 마는 아주 독특한 투자입니다. 스스로 생각하기에, '내가 좀 그다지 꾸준하지도 않고, 좀 솔직한 타입은 아니야.'라고 생각된다면 경매투자를 시작할 때부터 경매공부에만 빠지지 말고, 성격과 인성도 함께 신경써서 다듬기 바랍니다. 그렇지 않으면 어차피 몇년 안에 실패를 맞게 될 겁니다. 선인선과 악인악과를 잊지 마세요.[55)

6장. 잘 쓰여진 시세조사 리포트의 특징을 볼까요?

1. 잘 쓰여진 시세조사 리포트는 한 권의 책자여야 한다.

대한공경매사협회 PT스파레쥬에서는 반드시 시세조사 리포트를 작성하게 합니다. 중개업소와 10분 정도 통화하고, 녹음파

---

55) 부자마인드의 핵심가치는 선인선과 악인악과입니다. 좋은 원인은 좋은 결과를 만든다는 겁니다. 돈을 만지는 경매투자에서 나의 순수함을 잊지 않으려면 이 규칙을 마음에 간직해야 합니다. 어떤 것이 좋은 원인인지? 어떤 것이 나쁜 원인인지? 분명하게 분별하지 못하는 경우도 있습니다. 하지만, 경험을 통해서 우리는 구별할 능력이 생깁니다. 경매투자자들은 경매초보일때는 그렇게 순진할 수가 없습니다. 자기 소개를 할 때, 살짝 긴장도 합니다. 그러다 어느 덧 물건을 몇 개 갖다보면 금세 성격이 변합니다. 태권도도 십년 이상 해야하는데, 겨우 몇채 사고는 남의 말을 듣지 않습니다. 경매기술과 경매로 부자 되는 길이 매우 간단한 것이라고 느끼는 것 같습니다. 관악산의 입구에 있는 사람도, 관악선 중턱에 있는 사람도, 관악산 정상에 있는 사람도 모두 어디에 있느냐고 물으면, 그들은 한결같이 관악산에 있다고 합니다. 경매는 관악산 보다 더 높고 복잡한 구조란 점 기억하세요.

일을 청취하면서 리포트를 작성하다보면 느끼는 점들이 매우 많습니다.

그 중 한 가지를 소개하자면, '분명 내가 말했던 내용인데, 녹음파일을 듣기 전까지는 이런 말을 내가 했었나?? 라는 생각에 황망함을 느낍니다.'라는 반응입니다. 분명 내가 말했고 내가 들었지만, 머리 속에 아무 기억도 없는 경험을 해보셨을 겁니다. 귀신이 듣고 말한 것이 아님에도 금방 통화한 전화내용도 기억에 남지 않는다는 점은 분명 놀라운 사실이죠.

한 군데만 전화를 해도 빈번하게 생기는 사실인데, 만일 총 10군데 업소에 전화를 했다면? 더군다나 며칠 후라면? 이른바 기억이라는 것이 명확하게 남아 있을까요? 아마도 인상적인 몇 마디 정도만 기억할 겁니다.[56]

그러므로 시세조사기록은 반드시 리포트로 남겨야 합니다. 읽어보고 또 읽어볼 수 있는 자료, 그것이 시세조사 리포트입니

---

56) 기억하지 못하는 것은 우리에게 치명적인 약점입니다. 가끔 우리 민족은 똑같은 일을 반복하면서 외세의 침략을 당해 왔습니다. 과거 조선시대에 막무가내 식으로 서로 다투는 방식이 2018년인 요즘도 똑같습니다. 무조건 반대! 무조건 싫어! 이런 방식은 조선시대부터 해온 방식이죠. 민족 자체에게 기억력이 없다보니, 늘 많은 문제들이 반복적으로 똑같이 발생합니다. 사업가도 기억력이 좋지 않으면, 반복적으로 실패하고 후회하는 삶을 삽니다. 부자는 한 번의 실패 속에서 교훈을 얻습니다. 한 번 했던 실수를 두 번 반복하지 않습니다. 그러다보니 갈수록 사업이 잘 될 수밖에 없습니다. 경매 투자자도 그리해야 합니다.

다. 시세조사 리포트는 단권화해야 합니다. 중개업소에 통화한 모든 내용을 다 '한 권의 책자로 만든다!!' 라는 것을 염두에 두고 작성해야 합니다.

통상. 제대로 된 시세조사는 제대로 된 시세조사 리포트에 담겨 집니다. 좋은 음식은 좋은 그릇에 담아야 하는 것처럼 말이죠. 통상, 생각을 잘 표현하지 못하는 이유는 글을 잘 적지 못해서 입니다. 그래서 말은 잘하지만, 글쓰는 것을 매우 겁내며, 글을 못쓰다 보니 표현이 정제되지 못하는 경우가 다반사입니다.

즉 말을 조리있게 잘하는 힘이 안생기는 이유는 글을 많이 적어보지 않아서 입니다. 반대로 말을 조리있게 잘하고 싶으신가요? 그렇다면, 평소 글을 적는 연습을 많이 해야 합니다.

그래서, PT스파레쥬에게는 교육초기부터 글을 쓰는 미션을 자주 부여합니다. 경매실무에서 말은 90%를 차지 합니다. 앞서 언급한대로 말을 잘하려면 글을 많이 적어봐야 합니다. 글을 적는 것은 오랜 노력이 필요합니다. 적어도 경매실무를 공부하는 동안이라도, 내 눈 앞에라도 글을 자주 쓰게 하는 것이 저의 목적입니다.

시세조사 리포트는 매우 중요한 영역이며, 경매고수가 되기 위해서는 반드시 정복해야 할 과제입니다. 지금까지 교육하면서 시세조사 리포트를 잘 쓰지 않는 사람이 성공한 사례는 거의 없습니다. 시세조사 리포트를 잘 써야 시세조사능력, 시세분석 능력, 투자포트폴리오를 짜는 능력이 좋아집니다.[57]

시세조사 리포트를 써 보지 못한 채로 경매투자를 해 본들 수박 겉핥기 식 투자에 그칠 뿐이며, 경매투자 10년 이상을 해도 실력은 늘 그자리에 있을 뿐 입니다. 경매투자가 100층 건물이라면, 늘 2층이나 3층에 머물게 될 뿐입니다. 경매투자로 진정한 고수가 되고 싶다면 꼭 기억하세요.

2. 잘 쓰여진 시세조사 리포트는 읽고 난 후 속이 시원해진다.

시세조사 리포트는 시세조사 기록입니다. 서로 주고 받은 문답을 적는 겁니다. 즉 한 편의 영화 시나리오 같은 거죠. 우리가 재밌는 영화를 볼 때면 다른 생각이 안나고 몰입하게 됩니다. 하지만, 재미없는 영화를 볼 때면 졸기도 하고 별의별 생각도 나기도 하며 심지어 짜증도 납니다.

---

57) 시세조사 리포트를 쓰지 않으면, 진짜로 실력이 늘지 않습니다. 참 대단한 훈련법이 시세조사 리포트 작성훈련입니다. 기본적으로 문서를 작성한다는 것은 남에게 보여주기 위함 입니다. 그러다보니, 남이 보기에 아름답게 적어야 하며, 남이 볼 때도 조리 있게 써져 있어야 합니다. 옹고집에 외골수인 사람도 시세조사 리포트를 작성하다보면 가지고 있던 고집이 깨짐을 느낍니다. 물론, 진지하게 노력할 때만 그렇습니다. 경매초보자의 경매감각을 발달시키기 위한 것이 바로 시세조사 리포트 작성훈련입니다.

시세조사 리포트도 마찬가지입니다. 문맥이 끊겨있고 도무지 뭘 물어 보는지 알 수 없는 질문들과 허무한 말의 연결들... 이렇게 재미없는 글이 또 있을까 싶을 정도입니다. 어떤 교육생이 쓴 리포트를 보면, 도무지 알아 들을 수 없는 말들의 연속인 경우도 있고 또 어떤 교육생의 리포트는 정말 잘 써져서 시세조사와 시세분석을 하기 쉽기도 합니다.

시세조사 리포트를 잘 써야 하는 이유는 정확한 시세판단을 하기 위해서 입니다. 잘 쓰여진 시세조사 리포트는 우선 읽으면 속이 뻥 뚫린 것처럼 시원합니다. 마치 한 곡의 클래식이 매끄럽게 흘러가듯이 말이죠. 합창단이 노래를 부를 때 화음이 어우러지듯 시세조사자와 중개업소 간의 말을 주고 받는 것에서 시원함을 느낍니다.

마치 여러분이 오늘 처음 소개팅을 했는데, 눈빛만으로도 죽이 척척 맞아서 시간가는 줄 모르고 몰입해서 대화를 하는 것처럼 말이죠. 잘 쓰여진 시세조사 리포트를 읽다보면 누구나, '아하! 시세가 얼마정도는 하겠군' 이런 생각이 저절로 들게 마련입니다. 속이 시원한 시세조사 리포트는 경매고수가 가는 길 중 필수적으로 거치는 코스입니다.

만일 여러분이 나는 글을 잘 쓰지 못하는데, 어쩌지... 그냥 리포트를 꼭 쓸 필요있어? 그냥 편할대로 물어보고 입찰하면 되지.. 뭐.. 이런 식으로 생각을 한다면!! 영원히, 경매투자의 하수 신세를 면하기 어려울 겁니다. 한 번 글을 써보십시오. 속이 시원하다는 말의 의미를 잘 생각해 보십시오.[58]

3. 잘 쓰여진 시세조사 리포트는 읽고 난 후 소설책처럼 재밌다.

재밌는 소설책을 읽어보셨지요? 딱딱한 부동산 정보들의 모음이지만, 잘 써진 시세조사 리포트는 소설책에 버금가도록 재밌습니다. 글을 읽으면, 어디 하나 걸리는데 없이 매끄럽게 읽혀지고 이해가 잘 됩니다.

리포트를 읽은 후 가슴 속이 시원해짐을 느낀다면, 정확한 시세조사의 정답에 근접하고 있다는 것이고, 소설책처럼 재밌다는 것은 문맥이 흥미진진 하고, 정보를 알아가는 과정에 몰입도가 높다는 겁니다.[59]

---

58) 다시 말씀드리면, 시세조사 리포트를 소홀히 여기면 절대로!! 경매고수가 안 됩니다. 누구이 말씀드리지만, 일정한 경지에 도달하기 전까지는 시세조사 리포트에 의존해야 합니다. 리포트를 안 쓰는 사람은 있던 기술도 늙을 수록 퇴보합니다. 리포트를 잘 쓰는 사람은 늙을 수록 강해집니다. 체력은 쇠퇴해도 기술이라도 발전해야 나이가 들어서도 돈을 벌 수 있는 거죠. 그런데, 체력도 쇠퇴하는데다가 기술도 근본이 없어서 이랬다 저랬다 한다면, 두고 볼 필요없이 경매의 진짜 효과를 맛보기 어려울 겁니다.
59) 재밌는 책을 보면, 시간 가는 줄 모릅니다. 시간 가는 줄 모른다는 것은 그만큼 몰입했다는 거죠. 몰입은 억지로도 할 수 있지만, 자연스럽게 되는 몰입이 '진정한 몰입'입니다. 다음 이야기가 궁금해서 얼른 다시 읽어 보고 싶어지는 리포트를 완성해 보세요. 이런 리포트를 쓰다보면 언젠가는 반드시 고수가 될 겁니다. 대체로 교육생들은 저에게 배울 때는 열심히 리포트를 쓰다가, 혼자 낙찰받을 때는 리포트를 쓰지 않습니다. 리포트를 쓰지 않아도 될 정도 고수는 거의 없기 때문에, 결국은 실력이 점차 쇠퇴

왜 그럴까요? 예를 들어 설명해 보겠습니다. 여러분이 퇴근 길에 피곤한 몸을 이끌고 지하철을 탔는데, 바로 옆 사람의 주고받는 얘기가 시끄럽다는 느낌은 전혀 들지 않고 그 다음 얘기가 궁금해서 곰곰이 듣게 되는 경우를 말합니다. 만일 여러분이 작성한 시세조사 리포트를 읽었을 때 '재밌다.. 이해도 잘되고, 이렇게 대화가 재밌을 수가 있을까??' 라는 느낌이 든다면 이미 이 리포트는 잘 써진 것입니다.

그러므로, 여러분이 시세조사 리포트를 쓸 때는 소설책처럼 재밌게 쓰려고 노력해야 합니다. 소설책처럼 재밌게 썼다는 말은 소설책처럼 재밌게 대화를 나누었다는 말입니다. 그러므로, 실제로 상담한 중개업소의 사장님도 얼마나 재밌게 대화를 했겠습니까? 그러니, 당연히 좋은 정보를 많이 얻을 수밖에요.

그런 노력 끝에 만들어진 문서의 양이 많아질수록 여러분의 실력은 높아질 겁니다. 그렇다면, 시세조사 실력만 높아질까요? 여러분의 숨겨진 재능도 개발되며, 색다른 정신세계에 진입함으로써 돈도 벌고 자존감도 높아질 겁니다. 이렇게 좋은 점만 있고 나쁜 점이 전혀 없는 일을 하지 않을 이유가 없을 겁니다.

할 수밖에 없습니다. 어떻게 쌓은 실력인데, 그 감각을 발전시키지 않고 줄여 나갈 수 있겠습니까?? 하지만, 현실은 너무 쉽게 쇠퇴의 길로 들어섭니다. 저는 그것을 보면서, '이것이 운명인가?' 라는 생각을 또 하게 됩니다.

무조건 하십시오. 그러면 마음이 편해지고, 부자의 길에 입문할
수 있습니다.

4. 잘 쓰여진 시세조사 리포트는 이리저리 살펴봐도 흠이 없다.

협회에서는 통상 산다/판다/경매다/라는 3가지 관점에서 조사
를 하라고 시킵니다. 이 책을 처음 읽은 분들은 '아하, 산다/판단
/경매다/라는 3가지 관점에서 조사를 해야 한다고?'라며 놀랄 수
있습니다. 하지만, 이미 오래전부터 협회는 이런 다각적인 관점
에서 시세조사를 해야 함을 가르쳤습니다.

여러분은 어떤 사람을 잘 알기 위해서 그 사람의 가족, 친구,
동료 등 다양한 사람들을 통합니다. 우리가 실수를 하는 이유는
모든 정보를 취합하는 것이 아니라, 제한된 정보만을 가지고 판
단하기 때문입니다. 사물의 전체를 봐야 하는데, 오로지 한 면
또는 제한된 면에서만 바라보기 때문이죠.

저도 아직은 다각도로 사람을 살펴보는 것이 미흡합니다. 일
부러, 눈을 감았다고 해야 할까요? 아는 사람이라고, 친한 사람
이라고, 일부러 눈을 감다보면 반드시 후회하게 됨을 뼈저리게
느꼈습니다. 경매투자는 물론, 인간관계 모든 것을 다각도로 살
펴봐야 후회가 적습니다.

통상 우리가 스마트 폰을 살펴보고 있다고 생각해 봅시다. 스마트 폰에는 앞면, 옆면, 뒷면, 윗면, 아랫면 등 여러가지 모양이 있습니다. 이런 다양한 모습들을 전부 다 봐야만 '스마트 폰이 이렇게 생겼다.'라는 것을 알게 됩니다.

경매투자도 마찬가지입니다. 이 3가지 관점에서 의문을 갖고 살펴보지 않으면, 도무지 '시세가 어떤지? 부동산의 숨겨진 가치가 어떤지?'를 알 수 없습니다. 부동산의 진정한 가치를 알고 싶으신가요? '부동산 가치'라는 것이 따로 어떤 곳에 숨겨져 있고, 그 가치를 알기 위해서 특별한 고급정보가 필요하다고 생각하시나요?

그렇지 않습니다. 단지, 앞서 얘기한 다각적인 관점에서 조사를 하는 것만으로, 현재가치는 물론 미래가치를 알 수 있게 됩니다. 눈에 보이는 가치와 보이지 않는 가치는 분명히 다릅니다. 눈에 보이지 않는 가치는 눈에 보이는 가치를 근본으로 합니다. 눈에 보이는 가치를 다각도로 살펴보는 방식을 몸에 익히면 자연히 보이지 않는 가치도 알 수 있다는 말이 됩니다.

바보온달의 숨겨진 가치를 알아 본 평강공주가 바보온달과 결혼해서 장수로 키운 것처럼 보이지 않는 가치를 볼 수 있다면 그 사람은 부동산 천재 소리를 들을지도 모릅니다. 이런 능력을 얻는 지름길은 역시! 시세조사를 다각도로 조사했을 때 얻어집

니다.[60)]

7장. 다른 무엇보다도, 시세조사 리포트를 잘 써야한다.

1. 정교한 시세조사 리포트에 담겨야 할 몇가지!

시세조사 리포트에는 입찰하고자 하는 물건정보를 모두 기록해야 합니다. 앞서 시세조사 리포트를 한 권의 책으로 만들어야 한다고 말했습니다. 책으로 만든다는 말을 잘 새겨야 합니다. 간혹 '너 글 좀 써볼래?' '리포트를 제출해봐.' '너가 낙찰받은 수기를 한번 적어봐, 4부작으로 해서 흥미진진하게 말이지.' 이런 말을 하면 얼음이 되는 교육생들이 많습니다. 마치, 제가 무슨

---

60) 대다수의 사람들이 저에게 물어봅니다. 보이는 가치에 대해서는 알겠지만, 보이지 않는 가치를 어떻게 예측할 수 있을지 말이죠. 보이지 않는 가치를 살펴보는 능력을 배양하는 지름길은 '인과의 법칙'을 체득하는 겁니다. 인은 현재의 모습이고 과는 미래의 모습이며, 미래는 현재를 기반으로 해서 생깁니다. 그렇기 때문에 현재의 모습을 잘 살핀다면, 미래의 모습을 추정했을 때 적중할 확률이 높아집니다. 이런 방식대로 한다면, 누구나 미래를 예측할 수 있습니다. 다만, 인도 '정확한 인'이어야 합니다. 시세조사를 통해서 수집된 정보들이 많으면 많을 수록 '인'의 실체를 더 확실히 알 수 있습니다. '이것이 원인이다.'라고 생각을 했었는데, 시세조사를 더 해보니, 이것보다 더 강력한 작용을 하는 원인이 따로 존재함을 알 수도 있습니다. 모든 것은 '정확한 실체를 아는 것'이 최 급선무입니다. 정확한 실체 파악을 하기 위해서, 착각을 하지 않기 위해서, 실수를 하지 않기 위해서, 재산을 손해보지 않기 위해서, 부자가 되기 위해서, 행복한 삶을 살기 위해서 먼저해야 할 것은 실체파악이며 실체파악을 하기 위한 기술이 바로! 시세조사입니다.

부탁이라도 한 것인양, 난처한 표정을 짓고 거절을 합니다.

그 사람이 글을 쓰든, 책을 쓰든 저에게 얻어지는 것은 없으며 그 사람의 실력을 개선시켜주기 위한 과제 겸 훈련프로그램임을 전혀 눈치채지 못합니다. 책은 글이 모여서 됩니다. 그러므로 책을 쓰는 것은 글을 쓰는 것부터 시작하죠. 책은 정리하는 것을 말합니다. 책을 쓰고 만든다는 것은 정리를 잘 한다는 것을 말하죠. 경매투자를 할 때는 경매사건을 한 권의 책으로 만들어야 합니다.

제일 먼저, 여러분이 보시는 옥션사이트에 나타나는 물건의 메인 정보를 캡쳐 후 붙여 넣으세요.[61] 협회의 자회사인 킹왕짱옥션을 사용하는 회원들은 킹왕짱옥션의 물건정보 화면을 캡쳐해서 문서에 붙여넣기를 하면 됩니다. 그 후 중개업소의 상호와 전화번호, 위치 등을 기재해야 합니다.

정보의 신뢰도는 중개업소와 경매물건과의 거리에 따라서 달라집니다. 그러므로, 중개업소의 위치를 반드시 기재해야 합니다. 다음이나 네이버 지도에서 중개업소의 위치를 캡쳐해서 잘 정리하세요. 지금 말고 다른 시점에, 전화를 다시 걸게 될 때도

---

61) 대한공경매사협회는 경매검색과 교육을 한번에! 해결할 수 있게끔 킹왕짱옥션을 만들었습니다. 본 교재를 구입한 모든 분들에게 희망지역에 한하여 1개월 무료이용권을 제공합니다. 이 조건은 킹왕짱옥션이 존재하는 한 유효한 조건입니다.

있을 겁니다. 그 때를 위해서 관련 부동산 정보는 충실히 기재하는 것이 좋습니다.

마지막으로 중요한 것은 중개업소와 주고 받은 대화를 잘 정리하는 것입니다. 협회에서 사용하는 표현으로는 '나부나부'를 적어야 합니다. 시세를 조사하는 나를 '나'라고 하는 것이고 중개업소를 '부'라고 하는 것입니다. '나부나부'란, 묻고 답하는 모든 것을 그대로 적는 행위를 가리키기도 합니다. 통상 '나부나부를 적어봐!' '나부나부해!'라는 말은 주고받는 문답식 내용을 모두 적어라는 말로 사용됩니다. 물론, 저와 대한공경매사협회에서만 하는 말입니다.

정교한 시세조사 리포트에는 이 보다 훨씬 더 많은 정보가 수집 정리되어야 합니다. 그 중 필수적인 것은 이미 말씀드렸다시피, 1) 경매물건 기본정보 2) 중개업소 정보 3) 나부나부 정보 등 크게 3가지가 필수적으로 담겨야 합니다. 물론, 그 외에 인근유사물건, 부동산의 추정시세, 추정시세의 근거 등도 담기면 더 좋습니다.

2. '나부나부'에 담겨야 필수요소는 바로! 뉘앙스!

'나부나부'란 '내가 한 말과 중개업소가 한 말을 그대로 적는다.'는 겁니다. 들리는 대로 그대로 적는 것이 뭐 어렵나 싶을 겁니다. 하지만, 거의 모든 경매투자자들에게는 이 과정이 제일 어렵습니다. 내가 한 말을 그대로 적고 내가 들은 말을 그대로 적는다. 기억력이 탁월한 사람에게는 매우 쉽습니다만, 90%이상의 사람들은 아예 남의 말을 잘 듣지 않기 때문에 남의 말을 잘 듣고 기록한다는 것은 극히 어려운 일 중 하나입니다.

더군다나, 말만 기록하는 것이 아니라 '뉘앙스'까지 기록하라고 하면 더욱더 어렵습니다. 뉘앙스라는 것이 뭔가요? 말이란, 주고받는 당시 분위기와 상황에 따라 또는 말을 주고 받는 상대가 누구냐에 따라서 어감이 완전 달라집니다. 예를 들어, '무슨 새끼'라는 말은 글로만 적으면 분명 욕설에 가깝거나 화가 났을때 하는 말이지만, 웃는 상황 속에서도 '무슨 새끼'라고 하기도 합니다. 같은 말인데도, 말을 하는 사람이 누구인가? 어떤 느낌으로 말을 했는가? 에 따라서 듣는 사람도 기분 나빠하지 않는 모습을 쉽게 볼 수 있습니다.

엄마가 아이들에게 '무슨 새끼'라고 할 때도 그렇습니다. 상황에 따라서는 애칭이 되기도 하고, 원망하는 표현이 되기도 합니다. 결국 말의 의미는 단어 자체보다는 뉘앙스가 좌지우지 합니다. 그렇기 때문에, 말 귀가 어두운 사람과 눈치없는 사람, 이기적인 사람들은 뉘앙스를 눈치채는 것 자체를 매우 힘들어 합니다.

통상 뉘앙스를 잘 모르는 사람들의 성격은 성장과정 속에서 형성된 편협함 때문입니다. 그들에게는 안된 말이지만, 경매로 성공하기 지극히 어렵습니다. 성격은 대체로 잘 바뀌지 않기 때문입니다. 뉘앙스를 모르는 사람은 시세조사를 절대로 잘하지 못하며, 정작 스스로 해놓은 시세조사기록 조차도 무슨 뜻인지 모르다가 결국엔 잘못된 방향으로 해석을 하고 맙니다.

만일 스스로 생각컨대, '내가 평소 눈치가 없거나, 타인의 말을 잘못 알아듣는 사람이다.'라고 생각된다면 뉘앙스를 잘 알아채는 연습을 부단히 하시기 바랍니다. 법원경매 투자가 아무리 좋다고 한들, 뉘앙스를 파악하지 못하는 성격으로는 결코 성공할 수 없기 때문입니다.[62]

3. 뉘앙스를 잘 파악하려면 뉘앙스를 적는 연습을 해야 한다.

뉘앙스는 다른 말로 '말의 정확한 의미 내지는 말의 속뜻'을 말합니다. 주인이 손님을 초대해서, '별로 차린 것이 없습니다. 죄송합니다. 그저 끼니만 해결한다고 생각해 주십시오.'라고 했

---

62) 평소 눈치 없는 사람은 경매도 못합니다. 대다수 사람들은 경매를 자꾸 잘못 이해하고 있습니다. 경매를 단지 돈을 버는 도구 정도로 하찮게 여기는 사람들이 많습니다. 경매는 인생관이라고 '법원경매! 아무도 알지 못하는 부자마인드를 까발려주마!'에서 수 차 언급한 이유를 살펴보세요. 성격이 별로인 사람이 경매에서 성과를 내는 것은 거의 불가능에 가깝습니다. 경매는 자신의 성격이 반영됩니다. 성격이 좋지 않으면 경매로 부자가 되기 어렵습니다. 어리석어도 마찬가지 입니다. 눈치가 없어도 마찬가지이며, 남을 살펴보지 않는 옹졸함도 마찬가지입니다. 경매는 인성이 좋아야 잘합니다. 또, 지혜로운 사람이 잘합니다. 눈치가 발달된 사람이 잘합니다.

는데, 손님이 그 말을 듣고서는 '아, 그렇네요. 정말 별로 차린 것이 없네요. 그래도 괜찮습니다. 좀 전에 군것질을 좀 했거든요'라고 말하면 어떨까요? 이럴 경우, 주인은 의례적으로 한 말에 면구스러움을 느낄 겁니다.

우리는 응당 '어이구, 아닙니다. 진수성찬인데요. 보기만 해도 배가 부릅니다. 이렇게 차리느라 고생 많으셨습니다. 감사히 잘 먹겠습니다.'라고 해야 합니다. 주인은 그저 겸손하게 말을 했을 뿐인데, 그 말의 속뜻을 모른채 앞서 예처럼 대답하면 여러분의 인간관계는 끝이 나고 말 겁니다. 뉘앙스 파악을 못할 때 모든 일이 이런 식으로 풀립니다.

어떤 사람이 매우 더운 날에 사무실에서 '매우 더운 날입니다. 그렇죠?'라고 했다고 할까요? '사무실 안이 더우니 에어컨 좀 켜시죠.'라는 말일 수도 있고, '시원한 물을 한 잔 부탁합니다.'라는 말도 될 수도 있을 겁니다. 또, 그냥 정말로 '날이 매우 덥습니다.'라는 의례적인 인사말일 수도 있을 겁니다.

사무실에 에어컨이 켜져서 매우 시원할 경우엔 인사성 멘트일 가능성이 높을 겁니다. 하지만, 사무실 안이 더운 상황이라면, 에어컨 좀 켜달라는 말이 될 수도 있을 겁니다. 상황에 따라서 말의 속뜻은 이렇게 달라집니다.

그래서, 반드시!! 시세조사 리포트를 작성할 때는 '나부나부' 글 뒤에 괄호를 만들고 그 안에 당시 상황을 100%엿볼 수 있도록 완벽하게 적어야 합니다. 이런 뉘앙스를 적는 연습을 수시로 해서 습관으로 길을 들여야 합니다.

예를 들어, 1. 어떤 남자가 문을 향해 걸어갑니다.
2. 어떤 남자가 문을 향해 걸어갑니다.(활기차게)
3. 어떤 남자가 문을 향해 걸어갑니다.(어기적어기적)

3가지 표현에서 느끼는 감정이 매우 다를 겁니다. 때론 감정을 넣을 수도 있고 때론 분위기를 담을 수도 있을 겁니다. 이런 뉘앙스를 괄호안에 적는 것을 소홀히 하면 뉘앙스를 파악하는 힘이 길러지지 않습니다. 물론, 괄호 안에 어떤 방식으로 뉘앙스를 넣어야 이런 능력이 생기는지는 별도의 학습을 통해서 이뤄집니다.

4. 경매물건 주변에 나온 유사매물을 잘 모아야 한다.

인근유사물건을 모은다는 말은 '투자할 물건과 비슷한 물건들을 수집하는 것'인데요. 우리는 유사매물을 수집하기 전에 유사매물이 뭔지도 알아야 합니다. 정작 유사매물이 아님에도 유사매물로 판단하는 경우도 있기 때문이죠. 같은 평수, 같은 위치, 같은 층수, 같은 방향, 같은 입지, 같은 재료로 만든 건축, 같은 시기에 탄생한 건물 등 이렇게 '같은'으로 표현되는 것들이

유사매물 일까요?

이 관점을 고집하면, 아파트의 경우를 빼고는 빌라, 상가, 토지, 공장, 모텔 등에서는 유사매물을 찾기 어렵습니다. 심지어 같은 아파트 조차도 동과 층수도 다르고, 입주자의 성향에 따른 인테리어도 다르며, 인테리어 자재가격 내지는 고급스런 분위기인지 아닌지, 움직이는 동선이 좋은지 아닌지에 따라서도 가격이 달라지기 때문에 사실상 유사매물을 어느 정도 범주까지 확대할 것인지도 애매합니다.

또, 설령 중개업자가 유사매물을 많이 알고 있더라도 유사매물을 제대로 알려 준다는 보장도 없고, 중개업자가 알고 있는 정보가 최신 정보인지 과거 정보인지도 모르며, 유사매물을 직접 통제하는 것인지 아닌지도 모르기 때문에 정작 유사매물을 수집하더라도 가치있는 정보인지 아닌지를 판단하는 것 자체도 숙제입니다.

경매물건과 똑같은 매물을 구하는 것이 아니라, 경매물건과 비교해서 그 이상과 그 이하의 다양한 매물을 조사하는 것이고, 그렇게 조사된 매물들의 연관성을 발견해 내는 것이 바로 유사매물을 수집하는 근본 이유라는 것을 기억하세요.[63]

---

63) 유사매물을 수집하는 것은 유사매물이 뭔지 정확하게 알게되면, 누구라도 대충 흉내 정도는 냅니다. 하지만, 유사매물을 수집하는 근본적인 이유를 모르면 정작 수집된

5. 스스로 냉정한 '시세심판관'이 되어야 한다.

시세조사 리포트를 작성할 때, 우리는 스스로 '냉정한 시세심판관'이 되어야 합니다. 심판관은 어떤 상황을 판단하는 사람입니다. 사실, 판단은 누구나 할 수 있지만, 올바른 판단을 하는 것은 쉽지 않습니다. 올바른 판단을 하면 좋은 결과가 생길 것이고, 잘못된 판단을 하면 결과가 좋지 않을 겁니다.

많은 사람들은 올바른 판단을 하고자 하지만, 올바른 판단을 하는 요령도 모를 뿐더러 올바른 판단을 해야만 한다는 생각 자체에 강하게 집착하지도 않습니다. 누가 물으면 올바른 판단을 하고 싶다고 가볍게 말만 할 뿐 실제로는 그저 대충대충 합니다.

올바른 판단을 하려면 올바른 판단을 해 본 경험이 많아야 합니다. 올바른 판단을 해 본 경험이 적은 사람들은 잘못된 판단을 반복하게 됩니다. 수많은 교육생들을 상대해 본 결과, 잘못된 판단을 많이 했던 사람들은 대체로 옳은 견해를 접하게 되면 싫은 마음을 내거나 피해버립니다. 잘못된 견해가 갖고 있는 어떤 느낌들이 있는데요, 그 느낌에 익숙해 진 사람은 올바른 견해가 오면 평소 익숙했던 느낌이 아니기 때문에 본능적으로 피하고 싶어하는 것 같습니다.[64]

유사매물을 놓고서 어찌할 바를 모르고 목적 부동산의 시세를 유추해 내지 못합니다. 그러므로, 유사매물을 수집하는 근본적인 이유를 곰곰이 생각해 보시기 바랍니다.

시세심판관으로서 올바른 시세를 찾아내려면, 수많은 시세조사 경험을 가지고 있어야 합니다. 수많은 시세조사 경험을 통해서 시세를 판단하는 힘이 생깁니다. 하지만, 시세조사를 많이한다고 해서 시세를 판단하는 힘이 저절로 생기는 것은 아닙니다. 조사된 시세조사 정보들을 꿰는 공통된 원리를 발견해 내야만 시세를 심판할 수 있습니다. 이것은 매우 어렵습니다.

하지만, 아무리 어렵다고 하더라도 '시세심판관이 되어 이 정보 저 정보에 치우치지 않겠다'는 생각을 갖는 것까지 어려운 것은 아닙니다. 즉 시세를 심판하는 힘이 생기기 이전이라도 '내가 시세심판관이다.'라고 생각하며 객관적으로 보려는 노력 정도는 하라는 것입니다. 이런 생각을 갖고 시세조사를 하면 할수록, 일명 '보는 눈'이 생깁니다. 올바른 시세판단을 하는 지혜도 생깁니다.[65]

---

64) 본능이 이렇게 무섭습니다. 누구는 눈감고도 찾아가는 길을, 누구는 한손에 지도와 후레쉬를 들고서도 못찾습니다. 그렇기때문에, 본능적으로 정답을 찾게끔 하는 능력을 키우면 됩니다. 본능적으로 정답을 찾게 하려면, 정답을 찾는 연습을 반복적으로 해야 합니다. 그래서, 별생각 없이 한 행동이 정답에 부합하게끔 만들어야 합니다.

65) 시세조사와 달리 시세분석 영역에서는 평소 자신이 갖고 있는 성격, 가치, 철학이 중요한 역할을 합니다. 대충 생각없이 산지 벌써 수십 년이 넘었기 때문에 사실상 이런 습관을 교정하는 것은 매우 어려운 일입니다. 제가 아무리 강조하고 도와줘도 본인이 각성하고 변하려고 할때만, 변하는 것입니다. 오랜 세월동안 습관이 들어서 비싼 수업료를 내고서도 적극 변하려고 하지 않습니다. 분명히 실용적인 이야기를 하고 있는데도, 대단한 철학을 얘기하는 줄 착각하는 사람도 있습니다. 생각을 겨우 10분 더 오래하는 것을 체질적으로 싫어하는 사람도 있습니다. 뭔가 더 깊은 생각을 해야만 하는 주제를 만나면 싫어하기도 합니다.

여기서 한 걸음 더 나아가서, 시세심판관이 되겠다는 생각을 가진 채로 조사한 시세조사 내용을 리포트에 그대로 적어야 합니다. 옛날 왕실에서 사관이 임금이 한 말을 그대로 적을 때, 어느 쪽에도 치우지지 않는 것처럼 말입니다. 이런 치밀한 노력을 하지 않으면, 올바른 판단을 하기 어렵습니다. 올바른 판단을 하려면, 그에 걸맞는 훈련이 필수적입니다. 그냥 저절로 되는 것은 아니란 것을 알아야 합니다.

2부. 시세조사 입떼기 훈련

시세조사 입떼기 훈련에 들어가기 전에 알아둬야 할 내용들!!
제대로 듣고보기 훈련
제대로 기억하기 훈련
제대로 표현하기 훈련

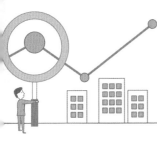

2부. 시세조사 입떼기 훈련

1장. 시세조사 입떼기 훈련에 들어가기 전에 알아둬야 할 내용들!!

1. 제일 먼저, '시세조사 입떼기 이론'을 암기하고 이해해야 한다.

여기까지 잘 읽어 보셨나요? 단지 읽기만 하고, 완벽하게 이해하지 못했다면 서둘러서 다시 반복해서 읽기 바랍니다. 시세조사는 이론도 어렵고, 실제 훈련도 어렵습니다. 그동안, 아무 준비도 안된 교육생들이 불과 몇가지 훈련을 반복함으로써, 낙찰까지 성공할 수 있었던 이유는 그들이 시세조사 이론을 잘 이해했기 때문입니다.

'이해한다'는 것은 매우 중요합니다. '이해한다'는 것은 기본적으로 '제대로 안다'는 말과 같습니다. 어떤 것을 제대로 이해했다면, 그와 유사한 상황에도 응용할 수 있다는 말입니다. 저는 매번 교육생들에게 교육내용을 '잘 이해했는가?' 때로는 '잘 암기했는가?'를 묻습니다. 그렇게 물을 경우, 거의 대다수 교육생은 꿀먹은 벙어리가 됩니다.

물론, 모든 교육생들이 배우자마자 처음부터 다 이해하지는 못합니다. 하지만, 시세조사기술을 배워봤자 이해하지 못하면 실전에서 써먹을 수 없기 때문에 저는 꼭! '다! 이해했냐?'를 반복해서 묻습니다.

사실, 어떤 지식을 이해했다는 말은 완벽히 다 알았다는 말과도 같습니다. 다 알았다는 말은 다른 사람에게 즉시 전달할 수도 있어야 합니다. 다른 사람에게 전달하기 위해서는 머릿속에 이해한 결과물이 기억에 남아 있어야 합니다. 즉 '이해'라는 말은 '기억'이라는 말을 전제하는 것입니다.

그러므로, 기억을 못한다면 결국 이해도 못하는 것입니다. 설령 이해를 했다고 말을 하더라도 남에게 전달하지 못하면 이해를 했다는 말이 거짓말이 되는 겁니다. 이해와 암기의 상관관계를 잘 생각해 보시기 바랍니다. 시세조사 입떼기 이론을 암기하고 이해한 후 시세조사 입떼기 훈련을 해야 합니다. 그렇지 않고 입떼기 훈련부터 한다고한들 실력이 높아지지는 않습니다.

2. 시세조사 입떼기 훈련은 이해가 안되도, 무조건 따라해야 한다.

이 책은 처음부터 끝까지 저의 사고방식과 교육철학, 경매노하우가 녹아있습니다. 거의 20년 가까운 세월동안 저의 개인 노하우를 많은 사람들에게 가르치면서 완성된 이론입니다. 이 원리를 배운 사람들의 투자 행태는 180도 바뀝니다. 그동안 보이지 않았던 것들도 보이게 됩니다.

만일, 어떤 사람이 이 책자의 이론을 마스터하지 않은 채로 바로 시세조사 입떼기 훈련만을 연습한다면 제대로 된 시세조사능력이 무엇인지 알지 못할 것입니다.

여태까지 유튜브 방송에서나, 스파레쥬에서나, 경매실전을 자주 언급했었지만 시세조사훈련의 일부분을 책으로 공개한 것은 이번이 처음입니다. 사실, 책으로 써서 낼 경우 여러가지 걱정스러운 점이 있습니다. 이 책의 훈련방식을 베껴서 자기 교육에 활용하는 학원과 강사들이 존재한다는 것입니다. 진품이 있으면 꼭 짝퉁이 있게 마련이죠. 티를 내지 않기 위해서 살짝 살짝 변형시킬 겁니다. 이런 우려로 인해서 여태 책으로 출간까지는 생각하지 않았었지만, 최근에서야 결심하게 되었습니다.

이런 우려 속에서 낸 책이므로, 대충 읽고 대충 생각하지 마시고 무조건 깊이 생각하고 따라하세요. 그래야만 제가 생각하고 안배한 결과를 얻게 될 겁니다. 교육생들을 가르치면서 답답한 사람들을 자주 보는데요. 경매실력도 없으면서 경매에 대한 아집만 강한 사람들이 의외로 많다는 겁니다. 딱 봐도 하수인데도 스스로는 고수라고 생각하는 사람들도 의외로 많습니다.

실제 교육생들을 가르칠때 '시킨대로 하세요!'라는 말을 심심 찮게 합니다. 그들은 '이렇게 하라!'고 시키면 조금있다가 '저렇 게 하면 안되나요?'라고 하거나 '꼭 이렇게만 해야 하는건가요?' 를 묻습니다. 저는 훈련을 시킬 때, 분명! 경매초보자들이 이런 실수를 하게되며, 이런 점 때문에 돈을 벌지 못하니, 이 점을 고 치기 위해서는 이러저러한 훈련을 해야 한다고 상세히 말을 해 줍니다.

하지만, 말을 다 듣고서도 실제 훈련에 들어가면 매번 묻습니 다. '저렇게 하면 안되나요?'라고 말이죠. 참 이상한 일이 아닐 수 없습니다. 그래서, 매번 이렇게 말을 해줍니다. '시킨대로 하 세요!'라고 말이죠.[66)

3. 평소 하는 말과 시세조사 시 하는 말은 엄연히 다르다.

시세조사 입떼기.. 표현을 곰곰히 생각해보면 '이제 태어난 아 기가 걸음마를 하는 모양'이 떠오를 겁니다. 맞습니다. 태어난 아기가 1년 쯤 되면 '엄마, 아빠'라는 소리를 내기 시작합니다.

---

66) 시킨대로 하라는 말은 여러가지 지침이 섞여있는 말입니다. 잡다한 생각을 멈춰 라! 의심과 미혹을 멈추고 일단 행동을 먼저 하라!는 뜻이 함축되어 있습니다. 여러 명을 동시에 한 자리에 모아놓고 강의를 하면 누구는 알아듣고, 누구는 전혀 알아듣 지 못하는 이상한 일들이 자주 벌어집니다. 강의를 수강하는 올바른 태도는 자신의 생각을 버리고 마음을 비우는 것입니다. 자신의 생각으로 머리 속이 꽉 차있으면, 배 움이 들어오지 않습니다. 그래서, 통상 고집이 세고 완고한 사람들이 배움이 적고 무 례합니다.

그것이 '입떼기'입니다. 이제 경매투자로 돈을 벌고자 한다면? 시세조사 입떼기를 마스터해야 합니다.

혹자들은 '내가 살아 온 세월이 얼만데..' '평소 주변 사람들이 나를 가리켜 말을 잘한다고들 하는데..'라고 생각할 것입니다. 그러나, 여러분이 평상시 하는 말들과 시세조사에서 하는 말은 엄연히 다릅니다. 마치, 자동차 운전경력이 20년이 되더라도, 스피드 레이싱대회를 나가라고 하면 딱! 막히는 것처럼 말입니다. 자동차 운전 경력이 아무리 길어도 스피드 레이싱대회를 나가려면 새로운 운전기술과 그에 맞는 담력도 키우고 체력도 키워야 합니다.

스피드레이싱은 대충 운전한다고 되는 것이 아니라, 과학적인 원리를 공부하고 연습해야만 속도가 빠른 자동차를 운전할 수 있습니다. 즉 일정 속도를 넘어서면 자동차의 운동에너지가 운전기술을 넘어서게 됩니다. 그 운동에너지를 장악할 수 있는 운전기술을 별도로 익힐 필요가 있습니다.

이처럼, 평상시 일상생활 속에서 주고받는 언어 수준으로는, 재테크 중 으뜸인 부동산 시세조사를 능숙하게 하기엔 확실히 역부족입니다. 그래서 시세조사를 잘 하는 어떤 방법이 있다면 그 기술을 반드시 배워야 합니다. 그 기술을 모른다면 결국 효과적인 시세조사를 할 수 없을 것이며 시세조사가 애매모호하기 때문에, 배짱있게 낙찰가격을 쓸 수 없습니다. 그렇기 때문에 10번 입찰하면 재수로 한두 번 붙는 수준에 이르고 말 겁니다.

처음에 아기들이 걸음마를 시도하는 모습과 말을 하는 모습을 잘 생각해 보십시오. 처음에는 걷다가 넘어지고 그저 말도 안되는 요상한 소리를 내지만 결국 어느 순간에는 잘 걷고, 잘 말하게 됩니다. 정말 아기들은 부지런히 노력합니다. 아기들이 게을러서 걷기 싫어하는 경우를 본 적 있으신가요?

어릴 적엔 넘어지더라도 실패에 굴하지 않고 부지런히 걷고 뜁니다. 그런데, 사실 따지고 보면 어린 아기에게 누가 시켜서 부단한 노력을 하는 것은 아닙니다. 그저 남들이 하니까. 본능적으로 학습하고 따라하다가 잘하게 되는 것입니다. 성인이 되어버린 지금, 과거의 기억을 살려보는 것도 좋지 않을까요? 이점도 매우 중요한 부분입니다.[67]

4. 말을 잘하는 것은 지식보다는 '성격의 문제'이다.

시세조사는 중개업소를 대상으로 합니다. 즉, 공인중개사와

---

[67] 왜? 어릴 적엔 아무런 생각도 없이 반복만 했었는데, 나이가 든 지금은 작은 돌멩이에도 다리가 걸려 넘어질까요? 수십 년을 살아왔는데 왜? 이리 나약한 정신을 가지고 있을까요? 예전처럼, 아무 생각없이 오직 노력만 할 수는 없는 걸까요? 이 문제를 곰곰이 생각해서 확실한 해답을 얻으면 큰 변화를 얻을 수 있을 겁니다.

대화를 하는 것입니다. 대화는 서로 주고 받는 것입니다. 흔히 사회에서 성공한 직업인이라면 대체로 말을 잘할 것이라고 생각합니다. 하지만, 그것은 100%착각입니다. 많이 배워도, 직업이 좋아도, 책을 많이 읽어도, 심지어 책을 쓴 사람도, 말을 잘하는 것과는 전혀 관계가 없습니다.

학벌이 짧아도 말이 진정성이 있고 감동어린 사람이 있는가 하면, 많이 배웠다는 사람들이 오히려 앞뒤 모순이 많고 자기 고집을 피우기도 합니다. 많이 배운 사람은 고집이 약해야 하는데, 오히려 고집이 센 이유는 가정과 학교에서 인성교육을 제대로 하지 않기 때문입니다. 성적지상주의가 팽배하고, 인성을 배양하는 것에는 관심이 없기 때문입니다.

여러분들이 생각하기에 교수, 변호사, 전문강사들은 말을 잘하니까 시세조사도 잘 할 것이라고 생각하는 분들도 있을 겁니다. 그러나, 이런 직업들은 자기 할 말만 하는 직업들이라서 시세조사능력이 없습니다. 자기 할 말만 하는 것은 딱히 어디가서 배우지 않아도 능숙하게 하는 것이며 아무런 노력없이도 쉽게 되는 것입니다.

일방적인 배설 같은 겁니다. 사실 세상의 많은 직업들은 상대방과 의사소통을 잘못해도 밥을 먹고 사는데는 큰 지장이 없습니다. 그렇기 때문에, 이런 직업인들이 경매 고수가 되려면 예외없이 부단한 노력을 해야 합니다.

　남녀를 대비해서 비교해보면, 보편적으로 여성들이 경매투자를 더 잘할 조건을 갖고 있습니다. 여자들은 대체로 시세조사를 남자보다 잘합니다. 물론, 시세조사기법을 동시에 배웠다는 조건하에서 말하는 겁니다. 여성들은 어려서부터 말을 많이 해왔고, 수다도 많이 떠는 편입니다. 오랜 세월동안 수다를 통해서 상대방과 소통을 하다보니, 상대의 마음을 남자보다 더 잘 알게 되는 경우가 많습니다. 이것은 통상적인 경향일뿐 모든 여성이 모든 남성보다 말을 더 잘한다는 것을 의미하진 않습니다.

　결국 말을 잘하려면, 말을 많이 해야 합니다. 말을 많이 하다보면 어려서는 부모, 형제 커서는 친구와 직장에서 부딪히게 됩니다. 그러면서 자신의 문제점을 알게 되고 생각을 고쳐나가게 됩니다. 생각이 고쳐지면, 말도 다르게 나오지 않습니까? 그래서, 교육생들 중 여성이더라도 성격이 우울하거나, 표정이 어둡거나, 소심하거나, 말 수가 적은 사람들은 경매공부하면서 많이 고생합니다.

　또, 변명이 잦거나 해보지도 않고 지레 겁먹는 타입들은 경매공부를 진득하게 해내지 못합니다. 공부를 해보기도 전에 패배감에 젖은 말이 입에서 먼저 나옵니다. 이런 부류는 경매에서 대성하기 어렵습니다.

문제는 성격입니다. 성격이 평탄하고 좋은 사람은 말을 잘합니다. 성격이 외골수거나 고집스런 사람은 말 수가 적거나 말을 논리적으로 하지 못합니다. 말을 논리적으로 못하는 이유는 생각도 논리적이지 못하기 때문입니다. 생각이 논리적이지 못하니, 판단력도 흐릿합니다. 그래서 부자가 안되는 것입니다.

보편적으로 시세조사는 여자가 더 잘하지만, 남자의 투자실적이 높은 이유는 대체로 남자는 돈에 대한 몰입도가 높아서입니다. 행동력도 대체로 여자보다 강합니다. 돈질을 하는 배짱이라는 관점에서 살펴봐도, 여자보다 남자가 대체로 더 높습니다. 그러므로, 시세조사 실력이 대체로 강한 여자들이 배짱과 행동력, 몰입도를 높이면 대단한 성과를 보게 될 것입니다. 이런 다양한 예처럼, 결국 지식보다 성격이 훨씬 더 중요합니다. 경매공부를 하기 전에 먼저, 성격의 중요성을 인식하세요. 그러면, 어떤 성격을 고쳐야 하겠다는 해답을 찾게 됩니다. 절대로, 현재의 모습으로는 경매공부만 한다고 해서 투자를 성공적으로 만들지 못합니다.

5. 말을 잘한다는 표현에는 '부드러운 표정'이 포함되어 있다.

말을 잘하는 사람들은 표정이 부드럽습니다. 표정이 어둡거나 완고할 경우 말이 부드럽게 나오지 않습니다. 굳은 표정은 굳은 마음에서 나옵니다. 굳은 마음은 동일한 상황에서도 가지고 있는 성격과 생각에 따라서 굳어지기도 하고 부드러워지기도 합니다. 부드러운 표정은 저절로 나오지 않습니다. 이것도 연습을 해야 합니다.

부드러운 표정과 부드러운 눈빛도 노력의 결과물입니다. 즉 노력해서 이뤄지는 것이라는 말이기도 합니다. 그러므로, 현재 여러분이 부드러운 표정과 눈빛이 없더라도 실망하지 말고, 거울을 보고 지금부터 연습을 많이 해야 합니다.

부드러운 표정은 한해 두해 만에 이뤄지지 않습니다. 여러분의 사고방식과 철학, 생활방식이 녹아 있습니다. 이미 성인이 되어버린 입장에서는 잘 안바뀝니다. 그래서, 경매고수가 안되는 것이죠. 경매고수가 될 사람은 어찌보면, 어려서부터 만들어진다고 볼 수도 있겠습니다.[68]

하지만, 과학적인 시세조사 기법을 배우고 훈련한다면 어려서부터 형성된 성격을 배제할 수 있을지도 모릅니다. 물론, 여러분의 의지에 달린 겁니다. 확실한 것은 부드러운 표정과 마음이 없이는 시세조사는 불가능하다고 보면 됩니다.[69]

---

68) 부자될 사람은 애초에 정해진 것이 아닌가? 라는 생각을 해봤을 겁니다. 저도 그런 생각을 해봤습니다. 다만, 운명도 바뀌는 것이므로, 내가 어떤 것을 잡고 어떤 노력을 하느냐가 매우 중요하다고 생각했습니다. 제가 주식을 잡았다면 현재 이 책도 존재할 수 없으며, 대한공경매사협회와 킹왕짱옥션도 존재할 수 없을 겁니다. 태어나서 중요한 것은 '내가 무엇을 만나느냐?'입니다. 무엇을 만나느냐는, 상당 부분 내가 결정한다는 점 잊지 마세요.

경매를 배우러 온 사람들 중, 면담을 해보면 무뚝뚝한 사람들이 많습니다. 여러분들은 이 글을 읽으면서 거울을 찾아서 자신의 얼굴을 보세요. 부드러운 사람인지? 무뚝뚝한 사람인지 말이죠. 무뚝뚝한 사람은 그 성격을 먼저 고치는 것을 경매공부와 동시에 또는 먼저 해야 할 겁니다. 무뚝뚝한 표정을 하면서 웃긴 농담을 해보세요. 생각대로 잘 되지 않는다는 것을 알 겁니다.

하지만, 웃는 얼굴을 하면서 웃긴 농담과 목소리를 내보세요. 매우 쉽게 된다는 것을 알 겁니다. 억지로 웃는 중에 스스로 마음을 관찰해 보세요. 좀전까지 있었던 무뚝뚝한 마음이 금세 풀어지는 것이 느껴질 겁니다. 바로 이것이! 마음이 몸을 지배하는 것이고, 반대로 몸이 마음을 지배하는 것입니다.

그러므로, 말을 잘한다는 목표에는 부드러운 표정을 지어야 한다는 것이 포함되어 있습니다. 앞서 성격이 경매실력을 좌우한다고 했습니다. 이젠, 나의 부드러운 표정도 경매실력을 높이는 수단이 되겠구나!! 라는 생각을 해야 합니다.[70]

---

69) 정해진 운명을 바꾸는 방법은 습관을 바꾸는 것이며, 습관은 행동을 바꾸면 되고, 행동은 마음을 바꾸면 됩니다. 결국 부자가 되지 못할 사람도 부자되겠다는 마음을 갖고, 올바른 지식을 배우고 노력한다면, 그것도 오랜 세월을 노력한다면 반드시 부자가 될 것입니다. 운명의 법칙인 셈이죠. 바꿀 수 있는 것이 운명이므로, 꾸준히 노력해야 하겠습니다.

70) 뭔가 음흉한 생각을 하는 표정, 자기 욕구와 맞지 않아서 생기는 불만스런 표정을 지을 시간에 부드러운 표정을 짓고, 좋은 성격을 가지려고 노력하세요. 경매를 잘하는 경매형인간은 어떤 사람인지도 종합적으로 생각을 해보세요.

6. 말하면서 상대방이 '내 말을 이해하고 있는 걸까?'를 생각해야 한다.

'말을 한다'는 것에는 '말을 듣는 상대방이 존재한다는 것'을 포함하고 있습니다. 상대방에게 말을 한다는 것은 어떤 의사표시를 하는 것이고, 상대방이 내 말을 잘 이해하고 내뜻을 잘 알았으면 좋겠다는 마음도 거기에 실려있을 겁니다. 그러므로, 당연히! 상대방이 내 말을 잘 이해하고 있는지를 말하는 중간 중간마다 수시로 체크해야 합니다.

저의 경우, 경매강의를 하는 도중에도 교육생들이 내 말을 이해했는지 수시로 체크합니다. '이해하셨나요? 이해 안된 사람 얼른 손드세요. 이해가 명확하게 안될 경우 즉시 질문하세요. 이건 매우 중요한 규칙입니다. 반드시 이해해야 합니다.'라고 말이죠. 저의 경우, 강의를 한 후 목도, 마음도 지치는 것을 느낍니다.

그 이유를 곰곰이 생각해 본 적이 있습니다. 그리고는 해답을 찾았습니다. 저는 누군가를 가르칠 때는 아는 것을 그냥 떠드는데 그치지 않고 그 사람이 알아 들었는지 즉시 살피고, 못 알아 들었거나 대충 이해했을 경우에는 그 즉시 또 다른 사례를 들어서 설명을 합니다.

즉 혼자서 떠드는 것이 아니라, 학생이 잘 이해했는지 살피고,

또 다른 사례를 들어서 설명을 하려고 하다보니까 이른바 '심력'을 무자게 쓰게 됩니다. 강의하면서 입만 움직이는게 아니라, '마음'도 함께 쓰기 때문이죠. 하지만, 아무리 지쳐도 그렇게 해야 한다는 것이 제 철학입니다.

내가 한 말을 상대가 잘 이해하지 못한다면, 결국 내가 지금 하고 있는 말과 행동들이 공허한 것이 되고 말기 때문입니다. 또 다른 측면에서 상대방을 위해서 진심으로 노력하는 이유 중 하나는 '진인사 대천명'이라는 말처럼, 몸과 마음을 다써서 상대방이 알아듣게끔 하려고 노력하다보면, 이해하지 못하는 사람들에 대한 일말의 동정심이 사라지기 때문입니다. 이렇듯, 말이란 것을 할때는 반드시 상대방이 이해하는가?를 염두에 두고 살펴야 합니다.

7. 검증되고 세련된 '시세조사기법'을 배우고 익혀야 한다.

시중에는 시세조사기법이라는 말 자체가 존재하지 않습니다. 대개, '시세조사? 그거 그냥 부동산에 가서 물어보면 되는 거 아닌가?' 라고 생각하고 경매공부를 합니다. 경매를 가르치는 학원이나 대학교에서도 겨우 해봤자, 권리분석 정도를 가르치고 법원에 한 번 가보고 현장에 서너 번 가보는 것으로 경매교육을 마칩니다.

그러나, 협회에서는 2006년에 설립될 때부터 실전투자를 강조했습니다. 너무 당연한 말이지만, 권리분석은 실제 투자에서 5%밖에 사용되지 않는데 그 5%를 죽어라고 공부해봤자 무슨 소용있을까요?

우선 경매로 성공하고 싶다면? 시세조사의 중요성을 제가 표현하는 정도 이상으로 소중히 여겨야 합니다. 이렇게 지속적으로 시세조사의 중요성을 강조해도 제가 강조하는 것만큼 여러분들이 소중히 여기지 않는다면, 결국 시작도 하기 전에 실패가 예정된 것과 같습니다.

또 설령 시세조사를 중요시 여겨도 여러분이 기술을 제대로 배우는가? 그리고 기술을 제대로 익혔는가? 그리고 기술을 제대로 터득했는가? 에 따라서는 평생동안 경매투자 성취도가 달라집니다. 왜냐하면 시세조사 기술을 배워서 한두 번의 투자에 효과를 볼 수는 있지만, 자기 것으로 만들지 않는 이상 결국 몇년 후에는 다시 원위치로 내려오게 되기 때문입니다.

여러분의 소중한 돈! 그 돈은 수 년동안 아끼고 아낀 돈입니다. 그 돈으로 경매투자를 하면서 원금이 손실되면 안됩니다. 경매투자를 하다보면 뭔가 알 수 없는 불안감과 두려움에 휩싸이게 됩니다. 그런 불안감의 원인 중 가장 큰 원인은 시세조사 기법이 없기 때문입니다.

만일, 어떤 사람의 불안감의 원인이 권리분석 같은 것이라면 이 사람은 훨씬˚ 더 낮은 수준이라고 보면 됩니다. 시세조사에 대한 존재 자체도 모르는 사람은 애초에 경매에서 크게 성공할 싹이 없다고 보면 100%입니다.

만일, 시세조사기법이 과학적이고 체계적이지 않다면, 경매초 보인 교육생에게 낱낱이 전수하기 어려울 겁니다. 뭔가 체계적인 내용이 있어야만 교육생에게 전달할 수 있는 것이죠. 또 과학적이어야만 누가 됐든 배운대로 하기만 하면 일정한 성취를 이룰 수 있을 겁니다.

현재 저에게 배운 PT스파레쥬 교육생들은 누구나! 배운대로 하기만 하면, 경매의 불안감에서 벗어나는 것을 쉽게 볼 수 있습니다. 직업과 무관하게, 학벌과 무관하게, 성별과 무관하게 배운대로 훈련하기만 하면 일정 수준까지 실력이 쌓이게 되는 이유는 스파레쥬 교육과정 자체가 과학적으로 만들어졌기 때문입니다. 검증된 시세조사기법! 그래서 경매에 대한 막연한 두려움과 공포가 없어지는 특별한 기술을 보유해야 합니다.

8. 시세조사기법은 '성공으로 가는 필수능력!'

우리는 어렸을 때 누가 자기를 아이취급하면 화를 냅니다. 하지만 정작 어른이 된 후에도 어른스럽게 행동하지 못합니다. 어른과 어린아이의 차이는 여러가지가 있겠지만, 가장 큰 차이라면 판단력이 있고 없거나, 높거나 낮은 차이입니다.

어른이라면, 스스로 결정하고 스스로 자기가 좋아하거나 이로운 환경을 만들어 가야 합니다. 겉모양은 어른임에도 사리판단이 올바르지 않고 어린애 같은 욕심만 가진 사람들이 너무 많습니다. 세상사람 모두가 마치 엄마나 아빠가 되어 자신을 끔찍하게 배려해 주기를 원합니다.

판단력이란 어떤 상황에서 올바른 길, 즉 나에게 좋은 길 또는 우리 모두에게 좋은 길을 찾아내는 능력입니다. 즉 결과가 좋아야만 판단력이 좋다는 말을 듣습니다. 아무래도 경험이 적은 사람은 판단력이 떨어지게 마련입니다. 또, 이치를 모르는 사람들도 판단력이 떨어집니다.

판단력이 떨어지는 사람은 조금있으면 즉시 후회할 일도 서슴지 않고 합니다. 조금만 더 길게, 조금만 더 깊게 생각하는 훈련이 필요한 이유가 여기에 있습니다. 어떻게 길게 생각하고, 어떻게 깊게 생각하는지 그 방법은 바로! 시세조사기법입니다. 왜 그런지? 여기까지 읽으셨다면 답을 아실 겁니다.

누군가는 '현재 부동산이 몇개 있는데 그 중 어느 것을 먼저 팔고 어느 것을 오래 보유해야 하나요? 현재 오피스텔을 분양신

청했는데요. 그것을 팔아야 하나요? 말아야 하나요? 현재 보험을 몇개 들었는데요. 해약해야 하나요? 말아야 하나요? 대학을 가려고 하는데요. 이 대학을 가야 하나요? 저 대학을 가야 하나요? 이 사업을 해야 하나요? 다른 사업을 해야 하나요? 주식을 해야 하나요? 부동산을 해야 하나요? 경매를 하려고 하는데요, 먼저 공인중개사를 따야 하나요? 말아야 하나요?' 등등 수많은 질문들을 합니다.

이렇게 판단력이 요구될 때 우리는 그저 궁금해 하거나 답답해 하기만 합니다. 하지만, 이런 질문이 머릿속에 떠오를 때면 주변 정보들을 수집하는 것부터 해야 합니다. 우선 정보를 수집하고 수집된 정보들을 가지고 냉정하게 이런 상황 저런 상황 속에서 어떤 변화가 있는지 살펴봐야 합니다.

이렇게 살피다보면, 내 마음 속의 변화를 알게 되며, 판단에 도움이 되는 어떤 조건들이 생기게 됩니다. 그 과정 후 판단을 내린다면 결국에는 '나에게 좋은 판단'이기 쉽습니다. 오랜 고심 끝에 내린 판단은 아무 생각도 없이 내린 판단과 혼미한 마음 상태에서 내린 판단보다는 결과물이 좋을 수밖에 없을 겁니다.

시세조사기법을 배우고 익힌다면, 경매투자 뿐 아니라 생활의 모든 부분에서[71] 마음의 안정을 찾게되고 좀 더 나은 삶을 살 수 있게 됩니다. 이제 '시세조사 입떼기'의 중요성을 대충 눈치챘을 겁니다.

앞서 시세조사 입떼기 이론에서는 시세조사가 경매투자 전과정에서 차지하는 위치와 시세조사를 잘 하려면 어떻게 해야 하는지에 대해서 간략하게 설명했습니다. 이제 시세조사 입떼기 훈련편에서는 몇가지 훈련프로그램을 제시하고 그 훈련을 통해서 시세조사의 중요성을 다시 한번 깨닫고 시세조사실력을 키워 보시기 바랍니다.

'시세조사 입떼기' 훈련프로그램은 경매투자자, 부동산투자자, 주식투자자 등을 가리지 않고, 정확한 상황판단력을 배양하는데 필수적인 훈련프로그램임을 명심하세요. 여러분이 자영업자든, 직장인이든, 남자이든, 여자이든, 결혼문제이든, 사업문제이든간에 이 훈련을 통해서 시세조사하는 능력을 키운다면, 올바른 판단력이 배양되고 그로인해 작더라도 행운을 얻게 될 것입니다. 더 이상 혼미한 상태에서 괴로워하지 않게 될 겁니다.

---

71) 시세조사기법은 부동산 시세조사에만 투입되는 것이 아닙니다. 시세조사기법은 생활전반에 녹아들게끔 노력해야 합니다. 저는 시세조사를 가르칠 때 목표점을 이렇게 가르칩니다. 물론, 부동산 시세조사에만 적용하는데도 힘들어하는 사람도 있고 배워놓고 훈련 자체를 하지 않는 사람도 있습니다. 하지만, 배우는 입장에서는 더 높은 수준을 추구해야 합니다. 그러므로, 부동산 시세조사에만 적용하지 말고 생활전반에 적용하는 아주 특별한 훈련을 하셔야 합니다. 그러면, 매우 강력한 판단력을 가지게 될 것입니다.

혼미한 상황 속에 빠져서 '이럴까? 저럴까?'를 고민하는 사람들은 모두 '높은 수준의 판단력'을 배양해야 합니다. 그 판단력을 배양할 수 있는 훈련법이 바로, '시세조사 입떼기'입니다. 본 교재에서는 '시세조사 입떼기'라고 이름을 정한 만큼 입떼기 이후에 '다른 단계도 있음'을 간접적으로 시사하고 있다는 점도 기억하세요!!

2장. 제대로 듣고보기 훈련

1. 상대방의 '표정과 언어 그리고 마음'까지 알아채야만 제대로 된 말을 한다.

'입떼기'는 말을 하는 것입니다. 말은 상대방에게 하는 것입니다. 아무도 없는 곳에서 허공에 대고 혼잣말을 할 수는 없습니다. 그런 사람은 정신적으로 문제가 있어 보이기도 합니다.

관상학에서는 혼잣말을 자주 하는 사람을 천하다고 합니다. 말 한마디로 나의 모든 의사를 상대방에게 전달할 수는 없습니다. 나의 생각과 의사를 전달하는데 한마디로는 어렵고, 여러 말을 해야 하며 상대방이 이해를 못하고 다시 물으면 다시 말해야 하는 것입니다.

제가 똑같은 교육을 했을 때, 단 한마디만 듣고 아는 사람이 있는가하면, 앞에서는 아는 척은 하지만 되물어보면 모르는 사람도 있습니다. 또, 제가 한 말과 교육생들이 이해하는 바가 맞는지 물어본 후, 만일 모르고 있는 경우에는 즉시 좀 전과 다른 표현, 다른 사례를 들어서 다시 설명합니다.

말은 단 한 번만 하는 것이 아니라 여러 번 하는 것이며, 그 과정에서 상대방의 질문과 표정을 잘 읽어야 합니다. 즉, 상대방의 표정과 언어 그리고 마음까지 알아채야만 제대로 된 말을 할 수 있다는 것입니다.

상대방이 '목마르다.'는 말을 했을 경우, 물을 달라는 표현일 수도 있고 오렌지쥬스를 달라는 표현일수도 있습니다. 그리고 설령 '물만 주셔도 됩니다.'고 할 경우에 '시원한 냉커피 어떠세요?'라고 물으면 '시원한 냉커피를 마시겠습니다.'라고 할 수도 있는 겁니다.

이런 과정을 잘 생각해보면 말을 잘하기 위한 전제조건은 결국 '상대방의 말을 잘 듣는 것'이 출발점이라는 것입니다. 자! 그럼 답이 나왔습니다. 여러분 스스로 생각하기에, 내가 '시세조사를 잘할 사람인지? 노력해도 안될 사람인지?'를 스스로 평가해 봅시다.

스스로 생각하기에 내가 상대방의 표현을 잘 기억하고 잘 이해하는 사람인가요? 평상시 의사소통에 문제가 없는 사람인가요? 상대방과 약속을 한 후 그것을 잘 지키는 사람인가요? 아니면 언제 그랬냐는 식으로 잊어버리고 미안함도 갖지 않는 사람인가요?[72]

공감능력이 떨어지는 것은 유년기에 잘못된 가정환경 속에서 배양됩니다. 타인의 생각을 모른다면!! 하다못해 가벼운 붕어빵 장사를 해도 망하게 될 겁니다. 상대방의 마음을 잘 알아채는 장사꾼들은 크게 성공하고 상대방의 마음을 잘 모르는 사람들은 장사를 해도 망합니다. 고객의 마음을 잘 알아야 고객이 돈을 지불할 겁니다. 그러므로, 장사를 하려고 하더라도 고객의 마음을 잘 알아채는 사람, 고객의 마음을 잘 시세조사하는 사람이 곧 성공합니다.

또 직장생활도 그렇고 사회생활도 그렇습니다. 친구관계도 마찬가지 입니다. 결국 진정한 의사소통이 어렵거나 상대방이 느끼는 감정에 무감각한 사람은 모든 분야에서 실패하게 됩니

72) 말을 잘하기 위해서는 먼저, 상대방의 말을 잘 들어야 합니다. 대화는 '상대방에 대한 존중'에서부터 시작됩니다. 그래야만, 상대방의 말을 주의깊게 듣게 됩니다. 만일, 상대방이 내 말을 듣지 않는다면 그 상대방은 나를 무시하는 것입니다. 만일 여러분이 만나는 사람이 별볼일 없는 사람이라면 몰라도, 나에게 중대한 영향을 끼치는 사람이라면 그 사람의 말을 잘 새겨들으세요. 그래야 그 사람이 존중받고 있다는 느낌을 갖게 될 겁니다. 그러면, 여러분에게 이익이 있을 겁니다.

다. 더군다나, 부동산 투자의 최고봉인 경매투자에서라면 더욱 더 그렇습니다.

적은 돈으로 큰돈을 만들 수 있고, 적은 노력으로 몇년 치 월급을 모아 놓은 것만큼 벌 수있는 매력적인 경매투자이지만, 이렇게 간단한 훈련에서부터 출발한다는 점을 꼭! 기억하세요. 경매투자는 정상적인 사람이라면 누구나 도전하고 정복할 수 있습니다. 즉 시세조사와 경매투자성공에서, 상대방의 말을 잘 듣고 잘 알아채는 것이 기본 중 기본임을 잊지 맙시다.

2. 제대로 듣기 훈련

'소리'와 '느낌' 2가지를 들어야 한다.

제대로 듣는 것의 의미를 생각해 봅시다. 우리는 상대방의 말과 소리를 들을 때, 단지 '소리'만을 들을 수도 있고 '소리' 이외의 다른 정보를 얻을 수도 있습니다. '소리'만을 들을 경우에는 여러가지 오류가 발생할 수 있습니다. '소리'는 단어로 구성되어 있습니다. 그러니, '소리'를 듣는다는 것은 '단어'만 듣는 것을 말합니다. '단어'만 듣게되면 심각한 오류가 발생됩니다.

예를 들어, '오빠'라는 소리를 들었습니다. '오빠~~' 와 '오빳!' 이 2가지를 봅시다. '오빠~~' 는 왠지 말꼬리를 길게 하고 애교를 부리는 듯한 느낌이 납니다. '오빳!'은 왠지 화를 내거나 짜증 내는 느낌이 나고 말을 빨리 하는 느낌이 납니다. 단지 '단어'만 듣는 것과 상대방이 하고자 하는 표현과는 확연히 다름을 알 수 있습니다.

그러므로, 단지 듣는다는 것은 '소리'만 듣는다는 것이 아닙니다. '소리'와 달리 '느낌'도 들어야 합니다. 자! 그럼 결론이 나왔네요. 제대로 듣는다는 것은 '소리와 느낌' 둘 다 들어야 한다는 것입니다. 제대로 들어야 할 것은 2가지 입니다. 겨우 2가지 밖에 안됩니다.

'소리'를 듣고 적을 수 있어야 한다.

'소리'를 제대로 듣는다는 것은 그 '소리'를 적을 수 있어야 한다는 말입니다. 상대방이 잘못된 발음을 하거나, 내가 부주의해서 잘못 듣는 경우에는 '소리'를 듣지 못한 겁니다. 글로 적을 수 있어야 우리는 '소리'를 듣는다고 할 수 있습니다. 단지 귀에 들리는 여러 종류의 소음과 무의미한 잡음도 다 한글로 적을 수 있습니다.

만화책을 보시나요? 만화책을 보면 사람의 동작과 표정, 감정도 표시하지만 소리도 표시합니다. 의성어라고 다들 아실 겁니다. '소리'를 글로 적는 것을 의성어라고 합니다. '꾸에웩, 꾸에

'웩'은 돼지를 잡을 때 나는 소리입니다. '컹컹'은 개가 짖는 소리입니다. '쿠르릉 쾅쾅'은 번개와 함께 천둥치는 소리입니다.

이렇게 여러분이 제대로 들었다면 '소리'도 글로 적을 수 있습니다. 하물며 사람의 목소리를 듣는데 더 그래야 합니다. 그러므로, 내가 부주의하거나 상대방이 발음을 제대로 하지 않을 경우에는 반드시 되물어야 합니다. 그래야 제대로 듣는 것이 되는 겁니다.

통상 사람들은 글을 명확하게 모를 경우, 대충대충 발음합니다. 그런 발음으로 상대방에게 대화를 시도하지만 신기하게도 그것을 알아듣고 서로 대화가 되기도 합니다. 하지만, 그것은 어디까지나 서로 비슷한 문화와 경험을 겪은 사람들끼리만 통하는 것일 뿐 보편적이지도 권장할만하지도 않습니다.

예를 들면, 사투리가 그렇습니다. 같은 지역 사람들끼리는 알아 듣는데, 다른 지역 사람들은 못 알아듣습니다. 사투리를 글로 적으려고 해도 적지 못하는 경우도 있습니다. 예컨대, '썩을 놈'을 '쓰글놈'으로 발음할 때, '쓰글놈'이라고 말하는 사람의 발음과 '쓰글놈'이라는 글자와는 또 다름을 우리는 알 수 있습니다.

대개, 글을 잘 모를 때 발음이 애매해집니다. 그러다보니, 소통이 안되게 마련이고 대화도 잘 안되게 마련이죠. 워낙에 사람들도 많고 그들의 표현력도 다양한 데다가 그들의 사고방식도 각기 달라서 같은 한국말을 사용하지만 서로 소통이 잘 안되는 경우가 너무 많습니다.

그래서, 다툼도 생기는 것이죠. 정말로 최소한, '들리는 소리를 받아 적을 수 있어야 비로소 대화가 되는 것이다.'는 점을 꼭 기억하세요. 들리는 소리를 글로 기록해 보려고 노력해 보세요. 오늘 저녁이라도 여러분의 가족이 하는 말을 글로 써보세요. 물론, 머리속으로 말이죠. 지금까지와 전혀 다른 감각이 생길 겁니다.

'느낌'도 듣고 적을 수 있어야 한다.

우리는 혐오스러운 물건을 보고는 어떤 감정을 느낍니다. 그 느낌은 겉으로 말하지 않아도 남이 알 수 있습니다. 그것은 혐오스러운 마음이 반영되어 몸과 표정으로 눈빛으로 표시가 나기 때문입니다. 우리는 그것을 보고 '이 사람이 이 물건에 혐오스러운 마음을 갖고 있구나.'라는 것을 알게 됩니다.

통상 칭찬할 때 소리를 꽥꽥 지르지 않습니다. 칭찬은 보통 누가 들어도 부드럽게 합니다. 그래서, 사람들은 즉시 '저 사람이 나를 칭찬하는구나.'를 알게 됩니다. 하지만, 칭찬을 하되, 살짝 억양을 비틀거나 말을 길게 늘어뜨리면 오히려 상대방이 화를 내기도 합니다. '야.. 참~ 너 그거 하나는 되게 잘한다~~' 이런 표현에는 칭찬이 있다고 볼 수도 있고 비꼬는 느낌이 있기도 합니다.

또, 장사꾼이 어떤 물건을 권할 때 말하는 소리에서, '팔고싶어 안달이 난 것인지? 팔아도 그만이니까, 알아서 하라는 것인지?'도 알 수 있습니다. 다른 회사에 전화할때 응대하는 직원의 말 속에서도 그 직원이 우리를 환영하는지, 별 신경도 안쓰는지도 알 수 있습니다. 그들이 말하는 소리에는 그들의 감정이 모두 포함되어 있습니다.

이런 느낌들 중에는, 글로 표현하기 어려운, 말로 표현하기 어려운 느낌도 있을 수 있습니다. 이런 느낌들도 글로 적을 수 있어야 합니다. 글로 적으려면, 어떤 느낌을 분류할 수 있어야 하며 이것을 다시 다른 사람에게 표현할 수도 있어야 합니다.

분명 어떤 느낌이 있는데, 그 느낌이 무엇인지 잘 모를때가 있습니다. 미묘한 느낌들을 잘 모를 때 느낌들을 분류부터 해보세요. 내가 알 수도 없고 분류할 수도 없는 느낌은 나에겐 결국 아무 것도 아닌게 됩니다.

이해하기 쉽게 예를 들어 보겠습니다.

여러분은 색깔을 몇 종류나 분류할 수 있습니까? 노란색의 예를 들어도 미술전공자는 노란색을 채도별로 즉시 구별해 냅니다. 샛노랗기도 하고, 노랗기도 하며, 누리끼리하기도 하며, 누르스름하기도 합니다. 그러므로, 이렇게 색들을 섬세하게 구별할 수 없는 사람들은 다른 누군가가 누리끼리한 느낌을 표현하더라도 그저 노랗다로 이해하게 됩니다.

그러므로, 다시 제3자에게 전달할 때는 '아까 저 사람이 노랗다고 하더라'라고 전달할 겁니다. 즉 거짓을 말하게 된다는 겁니다. 현실은 노란색이 아니라, 누리끼리한 색이었기 때문에 그렇습니다. 그러므로, 어떤 감정과 느낌을 섬세하게 분류해내고, 그것을 글로도 적을 수 있다면, 아니면 그러려고 노력하는 사람은 섬세한 사람이고 진실한 사람일 겁니다.

이런 노력 없이 '대충 하면 되지. 그게 그거지, 너무 쪼잔한거 아니야? 너무 까탈스러운 거 아니야?'라는 식으로 말하면서 자신의 불성실을 옹호하는 사람도 있습니다. 이 사람은 진실보다는 자기 중심의 거짓을 더 선호하는 사람입니다. 이런 사람과 친해지면 질수록, 진실보다는 거짓에 가까워 집니다.[73]

과학자들이 진실을 추구하는 것처럼, 경매투자자들도 진실을 추구해야 합니다. 진실을 추구하는 사람들은 말로만 추구하는 것이 아니라, 어떤 액션을 통해서 추구하는 것입니다. 느낌을 잘 적으려고 하는 사람은 진실을 추구하는 사람이다? 이 말의

---

73) 제대로 아는 것은 진실을 아는 것이다. 제대로 아는 것을 중요시 하지 않는 사람은 거짓을 좋아하는 성향을 가진 사람이다. 거짓을 좋아하는 성향을 가졌다면, 더 큰 거짓도 좋아할 수 있다. 경매고수의 길은 진실을 추구하는 사람만이 갈 수 있다. 그렇다면, 우리가 진실을 추구하는 여러가지 노력들을 하면 할수록, 경매고수가 될 수 있다.

깊은 뜻을 곱씹어 보기 바랍니다.

평소 섬세한 느낌을 알아채지 못하는 사람들, 진실이 아닌 거짓된 느낌에도 충분히 만족하는 사람들, 너무 자기만 알고 지내는 사람들이 애초에 이런 느낌을 파악한다는 것을 기대하기엔 무리가 있습니다. 그래서, 경매를 배워도 너무 대충 배우고 너무 얕게 알게 되는 겁니다. 결국, 경매투자에서 성공할 수 없습니다.

멀리서 산을 보면, 그저 평평해 보이지만 가까이서 산을 보면 굉장히 꾸불꾸불하고 울퉁불퉁해 보입니다. 경매도 멀리서 볼 때와 가까이서 볼 때 분명한 차이가 있습니다.

경매를 멀리서만 보고는 권리분석만 공부하면 될 거 같았지만, 가까이서 보면 볼수록 실무에서는 뭔가 섬세한 감각이 더 필요하다는 것을 알게 됩니다. 섬세한 감각 중 하나는 시세조사의 상대방이 말하는 '소리와 느낌'을 알아채는 것임을 알 수 있습니다.

3. 제대로 보기 훈련

제대로 본다는 것은 '제대로 이해한다는 것'과 같다.

제대로 듣는 것만큼 중요한 것이 '제대로 보는 것'입니다. 제대로 본다는 것은 눈으로 보는 것 뿐 아니라 '제대로 이해하는 것'도 '제대로 본다'고 표현합니다. 참 놀라운 사실은, 똑같은 것을 보고 배워도 모든 것을 저마다 자기 식대로, 매우 주관적으로 받아들인다는 겁니다.

스파레쥬 교육생들에게 똑같은 말을 했지만 받아들이고 이해하는 방식이 각자 다르다보니 제가 의도하지 않았고, 하지도 않은 말을 마치 한 것처럼 오인하는 경우도 가끔 생깁니다. 원래 사람의 말은 한 다리만 건너도 요리조리 편집되거나 다른 뉘앙스로 전달되어 왜곡되어 버리기도 합니다.

100%온전하게 최초의 의미를 보존하려는 어떤 노력도 하지 않기 때문에 나타나는 현상입니다. 사람들에게 묻기를, '정확한게 좋으냐? 부정확한 것이 좋으냐?'를 물으면 모든 사람이 '정확한게 좋다.'라고 할 겁니다. 하지만, 정작 자신은 남의 말을 들을 때 부정확하게 듣고, 전달할 때는 더욱더 심하게 왜곡시켜 버립니다.

그리고, 심지어 어떤 사람이 정확하게 표현하고 정확하게 전달하는 것을 강조하게 되면 그 사람을 가리켜서 '너무 삭막하다. 사람이 인간성이 있어야지.'라는 식으로 표현합니다. 도무지, 진실에 근접하려는 어떤 노력도 하지 않는 사람들입니다.

보통 사람들은 '부정확한 것은 인간성이 있는 것'이라는 이해할 수 없는 공식을 믿습니다. 정확하게 사는 것은 매우 힘듭니다. 아무 힘을 들이지 않아도 손쉽게 되는 일이 '대충 사는 일'입니다. 정확하게 살려고 하는 것은 어렵고 많은 노력이 필요하죠. 그러므로, '제대로 보는 훈련'은 매사 '정확하게 살려는 훈련'과 같은 말이며 부단한 노력을 해야만 비로소 제대로 보는 습관이 몸에 배이게 되는 겁니다.

제대로 보는 힘은 '오판하지 않겠다!'는 의지의 결과물이다.

우리는 여러가지 사회현상을 두고 다양한 의견을 냅니다. 얼마 전 별난 사건이 있었습니다. 학교에서 학생들을 데리고 현장실습을 가던 중 한 아이가 배탈이 납니다. 선생은 학부모에게 전화해서 아이가 아프다고 하고, 학부모는 선생에게 아이를 고속도로 휴게소에 두라고 합니다.

학부모는 1시간이 넘은 후 휴게소에 왔고, 아이가 서럽게 울자 선생을 고소하여 재판을 받게 합니다. 이 때 사람들 중 누구는 선생 편을 들고 누구는 학부모 편을 듭니다. 그럼 이 사건을 제대로 본다는 것은 뭘 의미하는 걸까요? 제대로 보고 판단하기 위해서는 좀 더 많은 정보가 있어야 합니다. 두루뭉실한 사건개요 정도로는 누가 옳고 누가 그르다고 보기 어렵습니다. 즉, 판단하기 전에 반드시 더 많은 정보를 수집해야 합니다.

학부모가 선생에게 아이를 휴게소에 두면 데리러 가겠다고 할

때, 휴게소에 아무렇게나 두고 가라는 말은 아닐 겁니다. 또, 중간
에 선생이 학부모에게 이렇게 아이를 두고 간다고 전화했다는 사
실은 아이를 무조건 방치한 것은 아니라는 근거가 됩니다.

그런데, 학부모는 현장에 도착한 후 아이가 울고있는 실제 상
황을 보니 선생의 말과 분명 다른 점이 있었고, 방치라는 정도
로 느껴졌기 때문에 고소까지 하게 된 것일 겁니다. 그렇다면,
선생이 학부모에게 했던 전화로 했던 말들이 다소 과장되거나
학부모가 잘 못 이해 되게끔 표현을 했을 가능성이 대두됩니다.

또, 학부모의 변심도 한 요소일 가능성이 있습니다. 처음엔 그
저 감사하다는 마음만 있다가 실제 아이가 심하게 울고 억울한
표현을 하자, 분노심이 생겼을 수도 있습니다. 만일, 선생이 좀
더 구체적으로 설명하고 학부모가 구체적으로 이해하는지를 분
명히 확인하는 질문을 했다면, 이런 일이 발생하지 않았을 수도
있을 겁니다.

선생은 이번 일로, 선생이라는 직업을 잃어버리거나 경력에
타격을 받을지도 모릅니다. 평소 어떤 상황을 있는 그대로 전달
하려고 노력하고 상황을 상대방이 확실히 이해하는지를 명확히
하려는 노력을 했다면 분명 다른 삶을 살았을 겁니다. 이런
작은 노력은 돌발적인 상황 속에서 여러분을 안전하게 보호해
줄 것입니다.

앞서 선생과 학부모 사이에 벌어진 일들과 관련해서 다양한 추론을 하는 이유는 뭘까요? 바로, 어떤 상황을 제대로 보려는 노력과 의지가 있기 때문입니다. 즉 제대로 보기 위해서는 '절대 오판을 하지 않아야겠다!'는 분명한 의지가 있어야 가능합니다.[74]

제대로 봐야 하는 이유는 '후회가 없어야 하기 때문'이다.

제대로 보려는 노력을 하는 이유는 실수를 하지 않기 위해서입니다. 그런데, 그 보다 더 높은 이유 중 하나는 '후회'를 하게 될지도 모르는 상황들이 많기 때문입니다. 우리는 인생을 살면서 매번 결정을 하고 삽니다. 무의식 중에 한 결정, 별 생각없이 한 결정, 아무런 부담없이 한 결정, 부주의로 한 결정으로 인해서 미래가 바뀝니다.

만일, 미래가 긍정적인 방향으로 바뀌면 좋습니다만, 부정적인 방향으로 바뀔 경우에는 그동안 모은 돈과 명예, 사업이 망가지기도 하고 인간관계가 쉽게 무너지기도 합니다. 별 생각없이 한 판단으로도 긍정적인 결과를 얻는다면 그 사람은 이미 부자마인드가 본능 속에 다져져 있는 사람일 겁니다.

---

74) 우리는 평상시 너무 대충대충 삽니다. 너무 충동적입니다. 오판하는 것을 겁내지도 않습니다. 오판으로 오는 잘못된 현상에 대해서 책임감을 느끼지도 않습니다. 오판으로 인해서 나와 가까운 사람들이 피해를 봐도 전혀 무감각합니다. 온 나라 각계 각분야에서 이런 무책임한 오판이 판을 칩니다. 결국 다치는 것은 늘 약자입니다.

무심결에 한 판단이 법칙에 맞는다면, 엄청난 복도 있었겠지 만 올바른 판단이 몸과 머리에 철저히 녹아 있는 사람일지 모릅 니다. 하지만, 대다수의 사람들은 심사숙고해서 판단하지 않으 면 거의 다 오판하기 일쑤이고 그로 인해 별볼일 없는 인생으로 살다가 생을 마감하는 경우가 다반사입니다.

한 번 사는 인생을 보람차게 살려면 매사 실수를 적게 하는 것이 좋습니다. 실수를 자주 하다보면 인생은 후회만 남게 됩니 다. 정말로 후회하기 싫다는 생각이 간절하다면 '제대로 보는 것 이 얼만큼 중요한가?'를 생각해야 합니다. 제대로 보지 못해서 매번 오판하고 자기 딴에는 자기 이익을 위해서 움직인다고 생 각하겠지만, 사실은 자기 죽을 자리를 찾아 헤매는 것일 뿐인 경우를 너무 자주 봅니다.

왜 저들에게는 이런 미래가 보이지 않을까? 무엇때문일까?를 고심하던 중 찾아 낸 원인은 바로! '제대로 보지 않기 때문'이었습 니다. 경매투자를 할 때도 매매시세, 월세시세를 제대로 보는 노 력이 엄청 중요하다는 것을 입찰을 한번만 해봐도 즉시 알 수 있 습니다. 물론, 평생을 두고 알지 못하는 사람들도 있긴 있습니다.

결국, 우리 같은 서민들이 부자로 살려면 특별한 기술, 특별한 행운과 올바른 정신을 가져야 합니다. 특별한 기술은 경매라면, 이제 남은 것은 올바른 정신을 가지도록 해야 합니다. 올바른 정신을 가진다는 것은 올바르게 보는 것과 같습니다. 올바르게 보기 위해서는 엄청난 연습이 있어야 합니다. 아무 연습도 없이 올바르게 정신을 차린 사람을 아직 보지 못했습니다. 주변에 올바른 정신을 가진 사람들은 거의 다 수십 년 이상 반복적으로 훈련된 삶을 살아 온 사람입니다.

4. 제대로 듣고보는 힘 키우는 훈련[75]

제대로 듣는 힘을 키우려면 별도의 훈련이 필요합니다. 우선 듣는 힘을 키워볼까요? 그 힘을 키우려면 우선 많이 들어야 합니다. 많이 듣기 위해서는 제일 먼저 내 생각과 내 말을 하지 않아야 합니다.

이제껏 수도 없는 말을 해왔을 테니, 이 훈련을 할 때는 내 말과 내 생각을 쉬어야 합니다. 머리 속에서 나라는 생각을 하지 말고, 남의 말을 듣고 남의 말을 보려고만 해보세요. 아래 제시된 훈련을 많이 해보세요. 그럼 점점 더 전에 듣고 보지 못했던 것들을 보고 듣게 될 겁니다.

▶ 훈련대상

가장 쉬운 것은 주변사람들을 대상으로 연습하는 것입니다.

---

75) 무조건 반복하세요! 무조건 가진 힘의 전부를 쏟아 부으세요!

혼자서도 조용히 할 수 있는 연습은 TV프로그램을 보는 것입니다. 드라마를 보고 흠뻑 빠지는 것이 아니라, TV를 가지고 듣고 보는 훈련을 하는 것입니다. 남이 볼 때는 노는 것 같지만, 내 머리 속에서는 치열한 훈련을 하는 중입니다. 때로는 가족, 친구, 직장동료를 대상으로 제대로 듣고 적는 훈련도 할 수 있으며, 출퇴근 길에 눈 앞에 보이는 모든 것으로 이 훈련을 할 수 있습니다.

▶ 훈련방법

아래 제시된 훈련표 빈칸에 훈련 중 생기는 감정과 느낌을 적어보세요. 훈련대상을 여러가지로 바꾸면서 실습해 보세요. 상대방의 현재 마음을 추측해보는 관점에서 훈련해야 합니다. 훈련을 해 갈수록 그동안 듣지 못했던 것들이 들리고 보지 못했던 것들이 보이기 시작할 겁니다. 집중하세요.

▶ 용어해설

1. 말을 머리에 적어보기: 들리는 소리를 문장으로 인식해서 머리속에서 떠올리는 연습

2. 말의 뉘앙스 파악하기: 들리는 소리의 단어뜻이 아닌, 단어 뒤에 숨은 의도를 파악하는 연습

3. 표정/눈빛/몸짓 살펴보기: 말하는 사람의 표정과 눈빛, 몸짓을 살펴보면서 변화를 파악하는 연습

제대로 듣고보는 훈련표 1

• 사람들의 말과 소리에 집중하세요!!

뉴스프로그램	
말을 머리에 적어보기 #훈련 중 느낀 점을 적으세요!	
말의 뉘앙스 파악하기 #훈련 중 느낀 점을 적으세요!	
표정 / 눈빛 / 몸짓 살펴보기 #훈련 중 느낀 점을 적으세요!	

제대로 듣고보는 훈련표 2

• 사람들의 말과 소리에 집중하세요!!

드라마 / 예능프로그램	
말을 머리에 적어보기 #훈련 중 느낀 점을 적으세요!	
말의 뉘앙스 파악하기 #훈련 중 느낀 점을 적으세요!	
표정 / 눈빛 / 몸짓 살펴보기 #훈련 중 느낀 점을 적으세요!	

제대로 듣고보는 훈련표 3

• 사람들의 말과 소리에 집중하세요!!

TV / 라디오광고	
말을 머리에 적어보기 #훈련 중 느낀 점을 적으세요!	
말의 뉘앙스 파악하기 #훈련 중 느낀 점을 적으세요!	
표정/눈빛/몸짓 살펴보기 #훈련 중 느낀 점을 적으세요!	

제대로 듣고보는 훈련표 4

• 사람들의 말과 소리에 집중하세요!!

가족간의 대화	
말을 머리에 적어보기 #훈련 중 느낀 점을 적으세요!	
말의 뉘앙스 파악하기 #훈련 중 느낀 점을 적으세요!	
표정/눈빛/몸짓 살펴보기 #훈련 중 느낀 점을 적으세요!	

제대로 듣고보는 훈련표 5

• 사람들의 말과 소리에 집중하세요!!

친구 / 직장동료간 대화	
말을 머리에 적어보기 #훈련 중 느낀 점을 적으세요!	
말의 뉘앙스 파악하기 #훈련 중 느낀 점을 적으세요!	
표정/눈빛/몸짓 살펴보기 #훈련 중 느낀 점을 적으세요!	

본 책자에서는 총5회 분량의 훈련표를 제공합니다. 향후 여러 분 스스로 훈련일지를 만드세요. 일상 생활 속에서 우리는 많은 것들을 듣고 봅니다. 듣는 것은 귀로 듣고, 보는 것은 눈으로 봅니다. 하지만, 듣고 보면서 우리의 마음은 딴짓을 하는 경우가 많습니다.

마음이 딴 생각을 할 경우, 귀와 눈으로 들어오는 다양한 정보는 거울이 빛을 반사하듯 머리 속으로 들어오지 못한 채 반사되어 버립니다. 앞서 말했듯이, 나라는 생각을 아예 버린 채로 이 훈련을 해야 합니다. 그래야, 시세조사는 객관적으로 시세분석은 주관적으로 한다는 말을 이해할 수 있습니다.

왜? 우리는 객관적으로 명백한 현상을 왜곡하는 것일까요? 그 이유를 확연히 알고 해결책을 찾을 수만 있다면 혼란스러운 우리의 삶이 엄청난 변화를 맞이할 것입니다. 잠시라도, 제정신으로 살다가 가야 하지 않을까요? 이 훈련을 많이 하십시오. 경매투자에서도 큰 성과를 볼 것이며, 경매투자 외에도 생활전반에 엄청난 이익이 있을 겁니다.

3장. 제대로 기억하기 훈련

1. 제대로 기억하기 위한 조건

기억력을 키우려면 '마음집중'을 최우선으로 해야 한다.

앞서는 제대로 듣고보기 훈련에 대한 몇가지 의견과 훈련방식을 소개했습니다. 이번에는 제대로 기억하기 훈련에 대해서 말을 해볼까 합니다. 기억한다는 것은 '마음 속에 새긴다.'는 것을 말합니다. 제대로 기억한다는 것은 '있는 그대로 진실되게 기억하는 것'입니다.

대체로 우리의 기억은 최초에도 불완전하지만, 시간이 지나면 지날수록 왜곡되고 편집되게 마련입니다. 주로 강한 충격을 받은 경우에는 그 충격에 의해서 더 과장되게 마련이고, 특별히 마음이 쓰이지 않은 기억은 선명하지 않고 부분 부분 끊겨 있습니다.

기억은 마음에 새기는 것이므로, 노력이 필요합니다. 노력을 하지 않으면 기억에 남지 않습니다. 여기서 기억하는 힘은 마음을 집중해야만 발전합니다. 그러므로, 평소에 마음이 떠 있거나, 눈빛이 불안정하거나 어수선한 사람들은 마음집중이 안되기 때문에 당연히 기억력도 부족합니다.

기억력을 키우려면, 당연히 기억하고자 하는 마음을 먼저 일으켜야 합니다. 기억하려는 마음은 마음집중을 통해서 일으켜진다고도 이미 말했습니다. 마음집중은 '마음을 집중해야지!'라고 생각하며 호흡을 가다듬고 생각을 비워야 합니다. 이런 과정을 거쳐서 마음이 집중된 후 우리에게 들어오는 다양한 정보를 기억하려고 애를 써야만 기억하는 힘이 커집니다.[76]

기억해야 할 대상인 '핵심정보'를 즉시 구별할 줄 알아야 한다.

그런데, 문제는 기억을 한다면 어떤 것을 기억해야 할까요?

---

76) 근육을 키우려면, 무거운 중량을 들어야 합니다. 근육이 아파서 얼굴이 찡그려질 때까지 들어야만 근육량이 커집니다. 기억력도 내가 기억하기 힘들 정도로 복잡한 것들을 기억하려고 하면서 얼굴이 찡그려질 때까지 기억해야만 강해집니다.

물론 모든 것을 다 기억하면 좋습니다만, 그러기엔 너무 모자란 것이 우리의 능력이죠. 모든 것을 다 기억할 수는 없으므로, 결국 부분만 기억하게 될 것입니다. 그렇기 때문에 이왕에 부분만 기억한다면? 당연히 중요한 '핵심정보'를 기억해야 할 겁니다.

그러려면, 우리는 기억할 대상 즉 '핵심정보를 즉시 선별하는 능력'이 필요하게 됩니다. 예를 들어, 우리가 여행을 가기 위해서 여행경비와 일정을 조사 중이라고 합시다. 그럴 경우, 다른 것은 잊어버려도 꼭 기억해야만 하는 것은 무엇입니까?

당연히! 비행기 일정과 좌석가격, 숙박호텔의 수준과 편의시설과 가격, 여행기간 중 돌아다니는 여행지 등일 겁니다. 조사 중에 수집한 많은 정보 중에서도 다른 정보 보다 우선해서 기억해야 하는 것이 바로 '핵심정보'인 거죠. 이런 핵심정보를 잘 수집하고 잘 기억해놔야 다른 여행사를 통한 핵심정보와 비교하게 되고 우리는 최선의 여행상품을 선택할 수 있게 됩니다.

이런 핵심정보는 경매투자할 때는 '조사포인트'라고 불립니다. '조사포인트'라는 이름은 핵심정보의 의미를 제대로 파악하기 위해서 매우 적절한 용어입니다. '조사포인트'를 단시간에 캐치하고 특정 짓는 것은 경매투자에서 매우 중요한 능력입니다. 이 능력을 반드시 배양해야만 합니다.

조사포인트를 못 잡는 사람들이 경매투자하는 모습들을 보면 애매모호하고 두루뭉실한 태도로, 많은 시간을 투자해서 공부를 하거나 시세조사를 해도 결론을 내지 못하게 됩니다. 조사포인트를 모르면 '조사대상이 무엇인지? 왜 그것을 조사해야 하는지? 조사하려면 처음 어디서부터 시작해야 하는지?'를 모릅니다.

　즉, 조사포인트를 모르면 질문하는 법을 모릅니다. 그렇기 때문에, 조사포인트를 '제대로! 단시간에!' 잡은 후, 적절한 조사를 마치며 그 조사과정에서 수집된 정보들을 기억해야 한다는 겁니다.

시간이 갈수록 희미해지는 기억! 결국 '명확하게 적어야 한다.'

　경매투자를 할 때 부동산업소와 많은 대화를 나눕니다. 그리고 현장조사할 때는 거주자와 거주자 주변인을 상대로 조사합니다. 그 과정에서 많은 정보를 순식간에 얻게 됩니다. 그러다 보니, 특별한 능력을 가진 사람을 제외하고는 대충 듣고 대충 기억할 수밖에 없는 환경에 노출됩니다.

　이렇게 대충 듣고 대충 기억하는 것은 경매투자의 금기사항이라고 할 수 있습니다. 이런 금기사항을 자주 범하다보면 경매투자에서 실패하게 됩니다. 경매투자에서 성공하려면, 이른바 경매투자의 실패원인이 되는 금기사항은 절대 하지 않거나 줄여 나가야 합니다.

제대로 듣고 제대로 기억했더라도, 수집된 정보를 올바르게 분석하는 곳에서 또 막히게 됩니다. 하물며, 제대로 듣고 제대로 기억도 못하는 사람이라면, 수집된 정보가 많아 봤자 아무런 가치가 없을 겁니다. 오히려 이렇게 오염된 정보는 올바른 판단을 하는데 있어서 장애요소가 됩니다.

어차피 사람은 시시각각 잊어버리는 성질을 가진 존재입니다. 심지어 원한조차도 잊지 않습니까? 일본에게 수백년 동안 침략을 당한 한국인이지만, 역시 한국의 주류층은 친일파가 더 많지 않은가요? 원한도 잘 잊어버리는 사람들이, 시시콜콜한 정보들은 오죽 잘 잊어 버리겠습니까?

그렇기 때문에, 우리는 반드시 잘 적어놔야 합니다. 핵심정보를 수집하는 순간, 즉시 적으면 더 좋겠지요. 생선도 바로 잡아서 먹는게 싱싱하다고 하지 않습니까? 바로 적는 것이 어려운 상황도 있을 겁니다. 그럴경우, 요즘엔 스마트폰으로 녹음을 합니다.

중요정보를 녹음하면 부족한 기억능력을 보완할 수 있을 겁니다. 하지만, 이것도 문제는 있습니다. 우리가 과거 웬만한 전화번호는 다 기억하고 전화를 걸었던 거 기억하시나요? 전화기에 전화번호 저장기능이 생기면서 가족들의 전화번호도 잘 기억하지 못하는 게 현실이 되어 버렸습니다.

이제는 전화번호를 외워도 금세 잊어버리는 현상을 보면 '내가 이리도 미련 했나?'라는 생각이 들기까지 합니다. 하지만, 과거에는 잘 기억했던 적이 있는 거 보면, 아마도 스마트폰의 대중화로 인해서 기억을 안해도 아무런 불편이 없기 때문에, 단지 필요성을 못 느껴서 그럴 것이라고 생각하면서 맘을 편히합니다.[77]

잘 적는 것은 매우 중요합니다. 기억력을 강화시키는 중간단계라고나 할까요? 적는 습관을 들이는 것도 매우 힘든 과정입니다. 적는 것도 잊어버리는 사람들이 많기 때문에, 기억력을 강화하기 위해서는 적는 것을 잊지 않는 것도 숙제 중 하나 입니다. 적는다. 적는 것을 잊지 않는다. 들리는 대로 적는다. 본대로

---

77) 결국, 나의 필요성에 따라서 기억이 되기도 하고 안되기도 한다는 것입니다. 내가 필요성을 느끼면 기억이 될 것이므로, 돈을 버는 것에, 조사포인트를 잡는 것에, 좋은 질문을 정하는데, 시험에 합격하는 것에 필요성을 느껴보세요. 또, 강력한 기억력을 배양하는 것에 필요성을 느껴보세요. 단지 필요성이 있다면 우리의 뇌는 강력한 힘을 발휘합니다. 그러므로, 어떤 사람이 기억이 약한 것은 '필요성'을 못 느끼기 때문입니다. 필요성을 말로는 느낀다지만, 실제 마음으로는 못느끼는 사람도 많습니다. 스스로 마음에서 무슨 생각을 하는지도 모르는 사람은 논외의 사람입니다. 자신에게 솔직하다는 전제에서 이 모든 것이 의미가 있는 것입니다. 진정으로 자기 마음을 모를 수도 있지만, 내심 모르면서도 겉으로는 아는 체 하는 거짓말쟁이도 있습니다.

적는다. 기억이 희미해지는 것을 방지한다. 원본 그래도 유지하려고 노력한다. 잊지마세요!!

수집되는 정보는 '듣는 즉시' 적어야 한다.

이렇게 전자장비가 발달하면서 우리의 능력 중 어떤 부분은 급속도로 쇠퇴하는 거 같습니다. 하지만, 여태 그렇게 살아왔어도 이제는 좀 다르게 살아야 하겠습니다. 이젠 여러분의 머리를 개발해야 한다는 겁니다. 여러분들 거의 모두 성인이 되기 전에는 공부에 열중을 했지만, 아마도 성인이 된 후에는 학창시절만큼 열중해서 공부한 적이 없을 겁니다.

학창시절에는 새로운 학년으로 올라가면, 완전히 생소한 수학과 과학, 영어 등을 배우게 됩니다. 아무리 생소한 공부 일지라도, 당시에는 겁을 먹거나 두려움을 갖지 않았을 겁니다. 그런데, 사회생활을 하다가 만난 생소한 부동산 용어나 경매지식에는 왜 이리도 겁을 먹고 두려움을 가지며 싫증을 낼까요? 똑같은 공부인데 말이죠. 이 경우도, 나이가 들면서 능력이 쇠퇴하는 현상 중 하나가 아닐까 싶습니다.

수집된 정보를 우리는 기억해야만 하고, 그 기억은 시간이 갈수록 희미해지므로, 적어야 할 필요성이 대두된다고 설명했습니다. 이제 적긴 적어야 하는데 늘 필기구를 가지고 다닐 수가 없으니 녹음방식을 선택하라고 했습니다. 하지만, 녹음에 의존하다보면 우리의 두뇌는 의존형으로 바뀌고 똑똑해지지 않을 겁니다.[78]

결국 머리를 똑똑하게 하려면 녹음을 하지 않아야 합니다. 녹음을 안하고 기억을 꼭 해야 하려면 즉시 적어야 하는 것이죠. 즉시 적어야 하는데 상황이 여의치 않다면 '핵심정보'만이라도 꼭 기억해야 하는 '절박함과 긴박함'이 있어야 합니다. 기억하십시오. 적긴 적어야 하는데, 적을 수단과 시간이 없다면 머리 속에 꼭 기억하십시오.

수집된 정보는 '과거, 현재, 미래 시점 별'로 구분해서 기억해야 한다.

앞서, 정보를 수집하면서 적을 상황이 아닌 경우, 기억하라고 했습니다. 여기서 또 문제가 발생합니다. 모든 정보에 어떤 결과가 있다면 그 결과는 원인이 있어서 생긴다는 거 다 아실 겁니다. 하지만, 결과만 보면 가치 판단이 또 달라집니다.

---

78) 기억은 하면 할수록 강해집니다. 모든 것을 기억할 순 없으니, 핵심정보를 기억해야 한다고 했습니다. 핵심정보를 즉시 구별하기 어려우므로 녹음이라는 보조적 수단을 선택합니다. 하지만, 녹음에 의존하면 오히려 기억력이 약해집니다. 그래서, 보조수단으로 쓰되, 기억하려고 노력해야 합니다. 그러다보면, 한순간 지나가는 정보를 놓치게 되죠. 그래서, 적으라는 겁니다. 적는 것은 기억력을 강화시키며 녹음할 때처럼 기억력을 쇠퇴시키지는 않습니다.

예를 들어, 어떤 각기 다른 두명이 사람을 죽였습니다. 한 사람은 강도목적을 갖고 살인했고, 한 사람은 상대방이 칼을 들고 죽이려고 위협을 해서 어쩔 수 없이 살인하게 되었습니다. 이 때 2명의 행동은 둘다 살인이지만, 죽이게 된 원인을 살펴본다면 정당방위로 살인하는 사람을 강도살인범과 똑같이 대우할 수는 없을 겁니다. 결과만 보면 둘 다 똑같은 살인범이지만, 원인을 보면 똑같은 살인범은 아닙니다.

이렇게 시간의 흐름이라는 관점에서 보면, 전혀 다른 경우가 너무 많습니다. 그러므로, 반드시!! 발생한 사건과 시간의 흐름을 함께 기억해야 합니다. 수집된 정보에는 시간의 선후가 존재합니다. 시간이 앞선 것과 뒤에 있는 것을 보면, 절대 놓치지 말고 시점 별로 구분하고 기억해야 합니다.

물론, 적는 것도 그리 해야 합니다. 대화의 흐름도 마찬가지입니다. 흐름이란? 시작도 있고 끝도 있는 것이므로 시간의 변화를 염두에 둔 표현입니다. 대화의 흐름별로 기억하는 것도 진실 파악에 매우 도움이 됩니다. 어떤 사람들이 대화를 하던 중 한 사람의 입에서 '나는 밥은 별로야. 스파게티가 더 좋아.'라고 했다면 앞서 대화를 듣지 않고서는 '아하, 이 사람은 밥을 싫어하는구나.'라고 판단하면 오판이 될 가능성이 농후합니다.

좀 전의 그 대화 이전에는 '야 이번에 1주년인데, 기념하게 분위기 좋은 식당에 갈까? 뭐 좋아하는데? 한식? 중식?' 이런 말이 있었다면 어떻게 봐야 할까요? 아마도 1주년을 기념하는 식사이다보니, 밥은 싫고 스파게티가 좋다고 했을 수도 있는 것이죠. 그러므로, 이 사람은 밥을 싫어하고 스파게티를 좋아하는 사람이라고 생각하면 오판이 되는 거죠. 그러므로, 앞선 대화가 무엇인가에 따라 달리 해석될 여지가 있으므로, 대화의 기록은 반드시 '시간의 흐름'을 잘 기억해야 한다는 것입니다.

2. 제대로 기억하는 힘 키우는 훈련[79]

이제부터, 기억력을 키우는 훈련을 진행합니다. 기억력을 키우기 위해서는 마음집중을 먼저 하라고 했습니다. 마음을 집중하고, '기억해야지...기억해야겠어...이렇게 기억한 것이 맞나?'라고 꾸준히 생각해야 합니다. 기억에 대한 압박감을 느껴야 합니다. 압박감을 느끼지 않고는 잘 되지 않습니다.

기억력을 키우면 좋은 점이 많습니다. 우선 똑똑해 집니다. 그리고, 관찰력이 좋아집니다. 비교분석력도 좋아집니다. 무슨 훈련이든지 숙달되기 위한 공통요인은 '반복'입니다. 반복하지 않으면 실력이 내 몸에 녹아들지 않습니다. 기술을 내 것으로 만들기 위한 노력은 딱! 하나입니다. 의심없이 '무조건! 반복!' 잊

---

79) 무조건 반복하세요! 무조건 가진 힘의 전부를 쏟아 부으세요!

지마세요.

▸ 훈련대상

기억력을 증강시키는 훈련대상은 TV, 라디오, 신문기사, SNS, 인터넷검색, 책 등을 들 수 있습니다. 앞서 제대로 듣고보기 훈련대상과 일치합니다. 생각할 수 있는 모든 것들을 훈련대상이라고 판단하면 됩니다.

▸ 훈련방법

제대로 기억한다는 것의 의미를 다시 한번 상기시키세요. 또, 기억하는 대상들을 자주 바꿔보고 다양한 정보들을 수집하면서 그것들을 기억해 보세요. 아마도 학창시절에 시험 준비할 때만 사용하던 머리를 경매분야에 적용하려고 하다보니, 많이 버거울 겁니다. 기억훈련은 머리가 좋은 사람들에게는 매우 쉬운 훈련입니다. 평소 머리가 좋지 않은 사람일지라도 기억훈련을 통해서 두뇌개발에 매진하기 바랍니다. 우선 닥치는대로 기억하려고 하세요. 기억을 안해도 되는 것들도 기억하려고 어거지를 써 보세요. 우선 단기적으로는 이런 방법을 사용하면 일상생활이 재밌을 겁니다.

▸ 제대로 기억하기 훈련방식

1. 뉴스 기사를 완전히 이해될 때까지 반복해서 읽는다.
2. 완벽하게 이해가 된 후, 요약정리해서 글로 적어본다.

3. 요약정리해서 글로 적은 후 타인에게 구두로 설명해본다.

4. 하루가 지난 후 다시 요약정리하며, 전날과 달라진 점을 살펴본다.

5. 하루가 지난 후 다시 구두설명하며, 전날과 달라진 점을 살펴본다.

▶ 1차훈련을 마친 후, 일정시간 후 다시 연습함으로써 기억력을 증강시킨다.

제대로 기억하기 훈련흐름도

1단계	전체 읽은 횟수	1. 기사를 읽고, 기억될 때까지 읽은 횟수를 적는다. 2. 훈련을 하면 할수록 읽은 횟수가 줄어들어야 한다. 3. 제대로 기억에 남을 때, 요약정리하기로 들어간다.
2단계	요약 정리하기	1. 요약정리와 원본기사의 차이점이 뭔지 파악한다. 2. 파악한 후 차이점이 클 경우 기사를 다시 읽는다. 3. 다시 여러 번 읽어보고, 다시 요약정리를 해본다.
3단계	구두 설명하기	1. 아무 것도 보지 않고, 단지 소리내서 설명한다. 2. 요약정리글과 일차성이 높아질 때까지 반복한다. 3. 논리적 관점에서 설명하며, 상대가 이해될 때까지 해야한다. 4. 수준이 다른, 가까운 상대방을 앞에 두고 설명하면서 살펴본다.
4단계	하루 후 2차 테스트	1. 하루 지난 후, 다시 3단계 구두설명하기를 시도한다. 2. 훈련효과가 좋지 않을 경우, 1단계부터 3단계까지 시도한다. 3. 주제를 바꿔가면서, 같은 흐름으로 훈련을 반복한다.

제대로 기억하기 훈련표 1

- 기억해야지! 라고 생각하고 훈련하세요.
- 반복해서 훈련하세요. 두뇌가 활성화됩니다. 잊지마세요. 어떤 분야든, 똑똑한 사람이 성공합니다.

기억하기 훈련대상	
1차 읽은 횟수	
1차 읽은 시간	
1차 요약정리 만족도	#상중하로 평가
1차 구두설명 만족도	
1차/2차 훈련 시간차	
2차 구두설명 만족도	#상중하로 평가하되, '하'일 경우, 읽기부터 재시도한다.
2차 읽은 횟수	
2차 읽은 시간	
2차 요약정리 만족도	
2차 구두설명 만족도	

제대로 기억하기 훈련표 2

- 기억해야지! 라고 생각하고 훈련하세요.
- 반복해서 훈련하세요. 두뇌가 활성화됩니다. 잊지마세요. 어떤 분야든, 똑똑한 사람이 성공합니다.

기억하기 훈련대상	
1차 읽은 횟수	
1차 읽은 시간	
1차 요약정리 만족도	#상중하로 평가
1차 구두설명 만족도	
1차/2차 훈련 시간차	
2차 구두설명 만족도	#상중하로 평가하되, '하'일 경우, 읽기부터 재시도한다.
2차 읽은 횟수	
2차 읽은 시간	
2차 요약정리 만족도	
2차 구두설명 만족도	

제대로 기억하기 훈련표 3

- 기억해야지! 라고 생각하고 훈련하세요.
- 반복해서 훈련하세요. 두뇌가 활성화됩니다. 잊지마세요. 어떤 분야든, 똑똑한 사람이 성공합니다.

기억하기 훈련대상	
1차 읽은 횟수	
1차 읽은 시간	
1차 요약정리 만족도	#상중하로 평가
1차 구두설명 만족도	
1차/2차 훈련 시간차	
2차 구두설명 만족도	#상중하로 평가하되, '하'일 경우, 읽기부터 재시도한다.
2차 읽은 횟수	
2차 읽은 시간	
2차 요약정리 만족도	
2차 구두설명 만족도	

제대로 기억하기 훈련표 4

- 기억해야지! 라고 생각하고 훈련하세요.
- 반복해서 훈련하세요. 두뇌가 활성화됩니다. 잊지마세요. 어떤 분야든, 똑똑한 사람이 성공합니다.

기억하기 훈련대상	
1차 읽은 횟수	
1차 읽은 시간	
1차 요약정리 만족도	#상중하로 평가
1차 구두설명 만족도	
1차/2차 훈련 시간차	
2차 구두설명 만족도	#상중하로 평가하되, '하'일 경우, 읽기부터 재시도한다.
2차 읽은 횟수	
2차 읽은 시간	
2차 요약정리 만족도	
2차 구두설명 만족도	

제대로 기억하기 훈련표 5

- 기억해야지! 라고 생각하고 훈련하세요.
- 반복해서 훈련하세요. 두뇌가 활성화됩니다. 잊지마세요. 어떤 분야든, 똑똑한 사람이 성공합니다.

기억하기 훈련대상	
1차 읽은 횟수	
1차 읽은 시간	
1차 요약정리 만족도	#상중하로 평가
1차 구두설명 만족도	
1차/2차 훈련 시간차	
2차 구두설명 만족도	#상중하로 평가하되, '하'일 경우, 읽기부터 재시도한다.
2차 읽은 횟수	
2차 읽은 시간	
2차 요약정리 만족도	
2차 구두설명 만족도	

본 책자에서는 총5회 분량의 훈련표를 제공합니다. 향후 여러분 스스로 훈련일지를 만드세요. 경매투자에서 제일 중요한 것은 정보수집능력, 정보분석능력, 올바른 판단능력입니다. 판단을 잘못할 경우, 결과가 좋지 않다는 것은 누구나 잘 압니다. 오랜 세월동안 다양한 부류의 교육생을 교육하면서, 느낀 점은 두뇌활용도가 다소 떨어진다는 것이고, 정보수집능력과 분석능력이 거의 없다는 것을 보고 훈련프로그램의 필요성을 절실히 느꼈습니다. 그래서 만들어 낸 훈련프로그램이니, 부디 쉽게 생각마시고 반복! 반복! 하시기 바랍니다.

4장. 제대로 표현하기 훈련

1. 제대로 표현하기 위한 조건

벽 두께가 1미터가 넘는 두꺼운 '저장창고'를 만들어야 한다.

지금까지는 제대로 듣고보기 훈련과 제대로 기억하기 훈련을 배웠습니다. 제대로 듣고 보는 것은 정보가 우리 머리 속으로 들어오는 것이고, 제대로 기억하는 것은 들어온 정보를 여러분의 머리 속의 저장공간에 넣어 두는 것입니다.

제가 스파레쥬 수업 중에 늘 하는 말이 있습니다. 거의 모든 사람들의 머리 속은 100평 정도 되는 공간을 가지고 있는데, 그 공간이 원룸이어서 휑하기 그지 없습니다. 100평 정도면 방도 7개 이상, 화장실도 4개 이상 만들 수 있는 매우 큰 공간입니다. 그렇게 큰 공간을 텅텅 비어있는 채로 방치하는 것이 이상할 정도입니다. 심지어 그 방이 너무 커서, 태풍도 불 지경이라고 합니다. 이 정도 공간이 원룸이다보니, 주방기구와 양말, 속옷도 방바닥에 놓여 있는 겁니다. 질서가 없고, 규범도 없어서 혼란 상태가 아닐 수 없습니다.

자! 이제부턴, 여러분의 머리 속에 여러 개의 방을 만들어야 합니다. 그 중 한 방의 이름은 '저장창고'입니다. 다시 말하면,

외부로부터 유입된 정보들을 '있는 그대로' 쌓아 놓을 수 있는 일명 '저장창고'를 만들어야 합니다. 이 '저장창고'의 벽두께는 1미터 이상 되어야 합니다.

1미터 이상이라는 말은 무슨 의미일까요? 그만큼 두꺼워서 이 곳에 저장된 자료들이 다른 공간으로 흘러 들어가지 않도록 엄격히 관리해야 한다는 것을 말합니다. 또, 저장창고에 수집되는 정보도 또한 순도 100%오염되지 않은 깨끗한 정보여야만 합니다.

만일 정보가 오염되었다면, 저장창고에 넣어 두면 안됩니다. 애초에 오염되지 않은 순수한 정보를 수집하려는 것이 목적이므로, 오염된 정보도 또한 창고에 들어오기 전에 버려야 합니다. 그렇지 않으면, 오염된 정보가 기존의 깨끗한 정보를 오염시켜 버릴 겁니다.

그러므로, 외부에서 들어온 정보들은 순수성을 유지한 채로 별도의 저장공간에 둬야 하며 절대로 다른 정보들에 의해서 오염되지 못하도록 벽이 두꺼워야 합니다. 실험실에 들어갈 때, 소독을 하는 것처럼 처음에 정보를 받을 때, 순수한 그대로를 유지한 채로 저장창고에 넣고, 외부의 정보가 들어올 때마다 오염되지 않도록 신경써야 합니다. 반대로 저장창고에 들어간 정보가 밖으로 새는 것도 막아야 합니다. 완벽히 저장된 정보를 철저히 관리해야 합니다.

'저장창고'를 마치 '국립중앙도서관'처럼 생각해야 한다.

저장창고를 방 한개 정도로 표현했지만, 사실은 '국립중앙도서관'이라고 생각해야 합니다. 도서관에는 많은 책들이 꽂혀 있습니다. 그 책들은 층별로 다른 책들이 있고, 또 같은 층이어도 가나다 색인별로, ABC색인별로 분류도 되어 있습니다.

이 분류처럼, 저장창고에 들어오는 다양하고 잡다한 정보들을 보기 좋게, 찾기 좋게 배열해야 합니다. 도서관에 있는 많은 책들이 이리저리 섞여 있다고 생각해 보세요. 내가 원하는 책들을 손쉽게 찾기는 어려울 겁니다. 너무 당연한 이치인 것처럼, 여러분의 머리 속 저장창고에 들어오는 정보들을 이 곳저 곳에 던져 놓는다면, 필요한 정보를 제때에 찾기 어려울 겁니다.

즉, 효율적인 정보관리는 효율적인 투자성공에 매우 필수불가결한 요소라고 할 수 있습니다. 가끔, 인터넷에 올라있는 개발정보와 투자정보, 알아둬야 할 지식들을 여러분의 컴퓨터에 어떤 폴더를 만들고 그 곳에 다양한 문서로 진열하는 것을 해봤을 겁니다.

저는 맥북을 사용하는데요, 맥북에는 메모장 기능이 있습니다. 이 메모장은 아이폰, 아이패드에도 있는데요, 다양한 정보들을 메모장에 적어 놓으면, 아이폰이나 맥북에서도 정보를 열람하고, 수집하는 것이 용이합니다. 사진정보, 메모정보, 동영상정보 등은 메모장을 이용하지만, 기타 회사에서 생기는 수많은 정보들은 에버노트를 이용해서 저장합니다.

에버노트는 다양한 정보들을 저장하고, 회사 직원들과 정보를 공유하는데 용이합니다. 또, 협회에서는 수많은 동영상과 사진들이 생산되는데요. 그 동영상과 사진들을 공유할 수 있는 클라우드 저장장치가 필요합니다. 그것은 드랍박스와 아이클라우드를 이용합니다.

자! 벌써, 제가 사용하는 저장장치들이 엄청 다양하고 많다는 것을 아실 수 있을 겁니다. 물론 이 외에도 여러가지가 있습니다만 보편적으로 여러분들이 들어 봤음직한 것들만 나열한 겁니다. 이런 저장장치에는 각각의 목적와 이용스타일을 고려해서 정보가 배열되고 수집되어 있습니다.

저장창고를 국립도서관처럼 생각하라는 말의 뜻을 아시겠습니까? 수집된 정보들을 가능한한 다양한 관점별로 분류하고 정돈하는 것 또한 시세조사능력을 배양하기 위한 훈련 중 하나입니다. 이렇게 섬세한 정보분류를 잘해야 제대로 표현하는 능력이 생깁니다.

시점 별로! 구분하여 배열한다.

그렇다면, 수집되는 정보들을 어떤 방식으로 국립중앙도서
관처럼 나열해야 할까요? 나열하는 방식 중 제가 추천하는 방
식은 시점과 관점입니다. 시점은 시간의 순서대로, 시간의 선
후대로를 말합니다. 대체로 정보는 충분히 갖고는 있는데도 이
상한 판단을 하고, 스스로도 자신없어 하는 이유는 시간의 선
후를 인식하지 못한 채 정보들을 평면적으로 나열하기 때문입
니다.

수집된 정보를 평면으로 나열해 놓으면, 각기 다른 정보들이
선후와 우열로 구별되지 않아서 어떤 것이 더 가치있고 어떤 것
은 덜 가치있는지 도무지 알 수 없습니다. 여러분이 아무리 정
보수집능력과 기억능력이 좋아도 그 기억들의 선후를 명확히
하지 않으면 정보의 가치는 전무합니다. 우리는 모두 시간의 흐
름 속에서 살아 갑니다. 그리고, 시간의 선후는 원인과 결과를
나타냅니다.

A가 B를 때리고 있습니다. 죽일 정도로 때리고 있습니다. 그
때 표정은 매우 험악할 것이고, 입에서는 욕설이 나올 겁니다.
그 장면을 보면, 'A는 나쁜 사람이구나, 폭력적인 사람이구나.'

라고 생각되어 집니다. 그러나, B가 사실은 A의 가족을 살해한 살인범이라면? 그래도, A가 폭력적인 사람이라고 생각하십니까?

그렇지 않을 겁니다. 우리의 판단들은 매사 이런 식입니다. 눈과 귀로 들리는 정보들의 원천적인 부분까지 보지 않으면 판단을 그르치게 됩니다. 그래서, 매사 조심스럽습니다. 그런 이유로, 결국 실수하지 않기 위해서! 판단하기 전에 정보수집에 집착하는 것입니다. 앞서 예처럼 시간의 관점에서 살펴보면 자연스럽게 선후를 알게되고 복잡해 보이는 상황도 매우 간단해 보일 겁니다.

이렇게 선후를 생각하는 습관을 들이면, 어떤 상황에서도 선택의 결과를 예측하는 힘이 생깁니다. 우리 인생에 후회가 많은 이유는 어떤 선택을 한 후, 결과가 생각대로 나오지 않고 심지어는 오히려 악화되는 경우도 많기 때문입니다.

왜 생각대로 나오지 않는가? 왜 어떤 사람은 일이 술술 잘 풀리고, 생각한 대로 잘 사는 것은 무슨 이유일까? 자신의 생각대로 살지 못하는 사람들은 모든 것에서 시간을 나누지 않고 선후를 나누지 않아서 자신의 미래를 보지 못하기 때문입니다. 전투기를 예로 들면, 레이더라고 볼 수 있습니다. 레이더로 적을 탐색하는 범위가 넓어질수록, 나는 더 안전해질 겁니다. 우리가 미래를 내다보는 힘이 더 생길수록, 우리의 미래는 더 밝을 수밖에 없습니다.

관점 별로! 구분하여 배열한다.

또 하나의 배열방식은 관점 별로!입니다. 예를 들어볼까요? 개와 고양이의 공통점은 뭔가요? 정답은 생명체, 동물입니다. 개와 고양이와 책상을 분류하는 관점은 생명체와 무생명체 입니다. 즉, 관점은 살아있느냐? 살아있다면, 동물이고 살아있지 않은 책상을 무생물이라고 합니다.

이런 것을 관점이라고 합니다. 관점은 '다양한 정보들을 일정한 묶음으로 묶는 것'을 말합니다. 평상시에는 이런 분류를 하지 않고 삽니다. 하지만, 이런 분류는 매우 유익하며 여러분을 단기간에 똑똑하게 만들어 줄 겁니다.

정치인들이 엉뚱한 소리를 서슴지 않고 하면서도 염치가 없는 이유는 이런 관점별로 생각하는 힘이 없는 까닭입니다. 일본 자위대 창설과 일본 왕의 생일에 기념하기 위해서 참석할 경우, 국민들이 자신들을 어떻게 볼지, 기자가 물을 경우 어떻게 답할지, 깊이 생각하는 머리가 없기 때문에 항상 욕을 먹는 겁니다.

생각하는 관점은 이렇게 중요합니다. 우리는 왜? 아무 개념없이 생각하고 행동하는 걸까요? 다양한 관점별로 구분하는 예를 하나 더 들어볼까요? 1987년에 상영된 '프레데터'라는 영화를 보면, 외계인이 지구인을 사냥하는 장면이 나옵니다. 외계인은 눈보다는 팔에 달린 기계를 이용해서 다양한 방식으로 적을 찾아냅니다. 외계생물은 지구인을 적외선 모드로 찾아보고 보이지 않으면, 열반응 모드로 찾기도 합니다.

요즘엔 우리가 타는 자동차에도 야간에 시골길을 운전할 때, 사람과 동물을 쉽게 식별하게끔 하는 적외선 기능이 있습니다. 군인들이 야간투시경을 쓰고 전쟁에 임하는 것도 마찬가지 입니다. 그래야 잘 보이기 때문이죠. 하나의 사건! 하나의 정보!에 여러가지 관점을 도입하는 것은 매우 중요한 기능이며, 간절히 필요한 기능입니다. 여러분들은 단 한개의 시선과 관점, 단 한개의 사고체계로 판단하기 때문에 도무지 정답을 찾지 못한 채 헤매는 것입니다.

2. 제대로 표현하기의 의미

제대로 표현하기는 '제대로 안 후'에 비로소 가능하다.

제대로 표현하는 것은 제대로 안 후에야 비로소 가능합니다. 제대로 알지 못하는데 어떻게 제대로 표현하겠습니까? 제대로 알지 못하면, 항상 마음 속에 미혹이 차 있게 되고, 자신감이 떨어지다보니 표현에 두서가 없고, 그 말을 들은 상대방은 이해하기 어렵습니다.

제대로 알지 못하면 반드시 마음속에 미혹이 차야 함에도, 미혹이 없는 것처럼 당당하게 말하는 사람은 이미 순수함이 없는 사람입니다. 아마도 마음 속에 미혹을 감추는 것도 능력이라고 생각할지도 모릅니다. 하지만, 결과적으로 하는 말과 행동의 결과가 좋지 않거나 틀리는 경우가 많습니다.

저는 지금 잘 알지도 못하면서 당당한 체 하는 그런 부류를 대상으로 글을 쓰고 있지 않습니다. 그런 부류는 아마도 이 글을 읽어도 이해하지 못하며, 마음 속에서 묘한 거부감 마저 생길 겁니다. 우리는 제대로 안다는 것을 깊이 생각해야 합니다. 제대로 알려면 사소한 것 하나도 다 기억하고 다 가치있는 것으로 받아들여야 합니다.

여러분이 글을 읽는다면, 글 속에 나오는 사소한 단어와 조사까지도 가치있게 받아들여야 합니다. 제대로 알기 위해서는 내 생각을 쉬어야 하고, 내가 하고 싶은 말을 쉬어야 합니다. 우량물건 검색훈련에서 1회독의 의미도 이런 것입니다. 제대로 물건 검색도 하고 우량물건도 손에 쥐고 싶나요, 그렇다면 내 생각을 쉬어야 합니다.[80]

내가 나의 생각에 빠져있는 동안, 외부로부터 들어오는 각종 정보들을 무시하게 됩니다. 1회독을 하는 이유는 우량물건을 찾기 위해서 입니다. 그렇게 하기 위해서는 내 생각을 당연히 하지 않아야 합니다. 제대로 안다는 것은, 내 생각을 하지 않는 것! 사소한 것들도 놓치지 않으려는 노력이 포함된 말임을 기억하세요.

내가 지금 무슨 말을 하고 싶은가?를 먼저 결정하라!

통상적으로 경매물건을 보자마자, 무엇을 조사할지 결정해야 합니다. 소위 '조사포인트'라고 하는 건데요. 경매실무에서는 조사포인트를 먼저 결정해야만 효과적인 시세조사를 시작할 수 있습니다. 즉 무엇을 물어봐야 할지를 먼저 결정해야만 비로소 조사를 할 수 있다는 겁니다. 어찌보면 매우 당연한 소리입니다.

---

80) 내 생각을 쉰다는 말은 자기 고집을 부리지 말라는 말입니다. 자신이 고집을 피울 만한 공부가 아닙니다. 선택에 자유를 줄 만한 사안도 아니란 말입니다. 무조건 이대로 해야만 하는 겁니다. 제대로 아는 사람이 제대로 모르는 사람을 이기는 것은 당연한 이치입니다. 제대로 알려고 노력하는 것은 좋은 원인이므로, 당연히 좋은 결과를 맞을 겁니다. 이것이 선인선과입니다. 훈련받지 않은 여러분의 사고방식과 지적능력으로는 경매를 정복할 수 없습니다. 경매가 아닌 다른 어떤 투자에서도, 큰 빛을 내기 어렵습니다. 결국 훈련받은 지적능력이 필요합니다. 다른 사람들과 차별화된 훈련을 받아야만 능력이 배양됩니다. 그런데, 훈련받지 않은 아무 가치 없는 나의 고집을 소중히 여길 이유가 없습니다.

신문기자가 인터뷰를 할때, 미리 사전질문지를 주는 것처럼 말이죠. 이처럼 여러분이 어떤 말을 하려고 할 때는 제일 먼저! '내가 하고자하는 말이 뭔지'를 먼저 결정해야 합니다. 내가 무슨 말을 하고 싶어하는지를 먼저 알아챈 후에야 표현이 시작되어야 합니다. 이 방식은 경매투자에만 국한된 것이 아닙니다. 모든 분야에 통용되며, 이 순서대로 해야만 제대로 된 표현을 하게 됩니다.

제대로 표현하고 싶으신가요? 그렇다면 제일 먼저, 내가 무엇을 말하고자 하는가를 먼저 결정하세요. 일반적으로는 자기가 말하고 싶은 것을 먼저 정한 후 말을 시작하는 것이 아니라, 말하고 싶은 것이 정확하지 않은 상태에서 말을 시작하게 됩니다. 그러다보니, 말에 두서가 없고 논리도 실종되어 상대방에게 효과적인 의사표현을 하지 못합니다. 내가 하고자하는 의도와 목적을 분명히 정한 후, 말을 시작하는 버릇을 들이시기 바랍니다.

6하원칙에 맞춰서 합리적으로 표현하라!

경매투자자들이 정보수집을 못하는 가장 큰 이유는 '현재 자신이 뭐가 궁금한지'를 알지 못하기 때문입니다. 우리는 학창시절에 6하원칙으로 말하라고 배웠습니다. 6하원칙은 누가, 언제, 어디서, 어떻게, 무엇을, 왜입니다. 이 6가지 원칙을 지키면서 말을 하면 '제대로 표현하는 힘'이 생깁니다.

우리는 6하원칙을 배우기만 했지, 이 원칙대로 말하는 것을 숙제로 받거나 훈련해 본 적이 없습니다. 이것을 가르치는 선생들도 6하원칙대로 말을 하지 않습니다. 보통 사람들은 늘상 주어와 목적어, 시점을 생략하면서 말을 합니다. 막상 말을 듣다 보면, 이렇게도 볼 수 있고 저렇게도 볼 수 있는 요상한 상황이 되어 버립니다. 혼란이 시작되는 거죠.

제대로 표현을 해도 상대방이 알아듣지 못할 수도 있는데, 애매하게 표현함으로써 상대방의 머리에 혼선을 줘버리면 나에게 좋은 일이 생길 수가 없습니다. 다시 말하면, 내가 60%정도 내용으로 말을 하면, 상대방은 40%를 알아듣고 난 후 30%정도로 말을 하고, 다시 30%로 말하는 것을 들은 나는 15%로 이해하며 그 후 10%정도로 내가 말하면서 점점 더 서로 무의미한 대화를 이어나갑니다. 제대로 된 정보를 100%말하고 듣고 조사를 할 수만 있다면 얼마나 좋겠습니까?

상대방이 어떻게 이해하고 말하든 적어도 '나'라도 제 정신을 가지려고 노력하거나, '나'라도 제대로 표현하고, '나'라도 이해하려고 노력하는 것은 다른 누구보다 '나'에게 이익이 큽니다. 이런 노력의 결과로 언젠가는 여러분은 제대로 표현하게 될 것이며, 제대로 표현하는 것을 듣는 주변인들은 여러분의 말로 인해서 '편안함'을 느낄 겁니다.

이것은 상대방에게 복을 베푸는 것과 같습니다. 복을 베푸는 것은 좋은 결과를 얻게 만드는 강한 힘이죠. 모든 것을 6하원칙에 맞춰서 말을 만들고 뚜렷한 음성으로 전달해야 합니다. 그러므로, 최우선적으로 내가 표현하고 싶은 마음과 뜻이 생기면, 그것을 어떻게 표현할지를 생각하고 그 생각을 6하원칙에 근거해서 말을 해야 합니다.

매우 쉬운 듯 하지만, 1단계로 내가 전달하고자 하는 생각과 뜻을 결정하며, 2단계로 어떤 느낌으로 표현할지를 결정하며, 3단계로 여러분의 표현을 6하원칙에 맞게끔 구성해야 합니다. 부단히 노력해 보십시오.

제대로 표현하기 위해서는 '음성이 뚜렷'해야 한다.

만일 발음이 어눌한 사람이 노래를 부르면, 그 노래는 대중적인 인기를 끌 수 없습니다. 노래를 잘하는 사람은 가사를 전달하는 발음도 분명합니다. 가사전달력과 감정호소력은 노래에서 매우 중요한 부분입니다.

여러분의 말도 그렇습니다. 발음이 분명하지 않으면 상대방에게 주의를 끌지 못합니다. 주의를 끌지 못한다면, 결국 여러분이 하는 말은 가치를 잃게 됩니다. 직업을 가리지 않고, 발음이 분명하지 않다면 그 사람은 최소한의 기본을 갖추지 못한 사람입니다. 상대방과 대화를 나누기 위해서는 여러가지 필요 요소가 있지만, 그 중 기본 중 기본은 뚜렷한 발음입니다. 발음이 분명하면 듣는 사람이 편합니다. 귀를 기울이지 않아도 잘 들립니다. 그러므로 상대방으로부터 호감을 받을 수 있고, 상대방에게 내 뜻을 잘 전달할 수도 있습니다.

허스키한 목소리, 저음 목소리, 말끝이 흐려지는 목소리, 느릿느릿한 목소리, 리듬이 자꾸 끊기는 목소리, 문맥을 알 수 없는 발음으로는 결코 경매투자에서 성공하기 어렵습니다. 제대로 표현하기 위해서는 분명하고 힘있는 목소리와 리드미컬한 목소리는 필수불가결한 요소입니다.

그래서, 저는 경매교육생들에게 교육을 시작할 때, 각자 일어나서 자기를 소개해 보라고 합니다. 소개말의 순서, 표정, 태도, 자세, 단어, 발음, 음색, 말 속에 감춰진 자신감 등을 살펴보고 그들이 경매투자로 성공하기위해 부족한 것들을 캐치하고 향후 교육 시 부족한 부분을 채워주기 위해서 여러가지 조언을 실시합니다.

권리분석은 자기 책상에서 혼자서 하지만, 그 외에 모든 단계는 상대방이 존재합니다. 시세조사와 명도가 그렇습니다. 시세조사는 경매투자에서 매우 중요한 요소입니다. 시세를 분명히 알아야, 입찰가격을 쓰지 않을까요? 또한, 명도 자체도 음성이 뚜렷해야만 상대방과 대화하기 쉽습니다. 발음이 뚜렷하고 음성이 매력적이면 명도도 쉽습니다.

이제까지 발음을 대충대충 했다면, 이제부터는 발음에 신경써야 합니다. 배에 힘을 주고, 한 마디 한 마디를 분명하게 발음하는 연습을 하세요. 긴 문장을 말할 때도, 마지막 말까지 분명하게 마칠 수 있도록 신경쓰세요.

자신이 표현하는 말에 '생동감을 부여'하라!

'나는 밥먹는다.'와 '나는 배고파서 밥을 먹는다.'와 '나는 정말 정말 배고파서 밥을 먹는다.'를 비교하면 어느 쪽이 더 강한 표현으로 보이시나요? 당연히, '정말정말'이라는 말이 들어가면 더 배고프게 보입니다. 보통 사람들의 표현을 보면, 말을 할 때 어감을 분명하게 표현하지 않고 밍밍하게 표현합니다.

어떤 상황을 구체적으로 표현하는 것은 매우 중요합니다. 이런 관형사를 잘 사용하는 사람들의 말은 그럴싸하고 듣기 좋습니다. 또 생동감도 있고, 뭔가 더 구체적입니다. 마치 어릴 적에 어린아이에게 재밌는 옛날 얘기를 해주는 할아버지 같다고 할까요? 생동감있는 옛날 이야기는 어린아이를 긴장하게하고 이야기에 흠뻑 빠져들게 합니다.

단지 이야기일 뿐인데, 마치 현실 속에 벌어지고 있는 것처럼 생생한 묘사를 잘하는 사람들의 특징을 살펴보면 대체로 수식 어를 잘 사용합니다. 책을 많이 읽지 않은 사람들, 말을 잘하지 못하는 사람들의 공통점은 수식어를 잘 사용하지 못합니다. 그 래서 말이 재미가 없고, 밍밍한 맛이 납니다. 그러다보니, 호소 력도 떨어집니다.

호소력이란 자신이 하는 말로 상대방을 감동하게 하는 힘을 말합니다. 훌륭한 배우는 호소력이 좋습니다. 전달력도 좋고요. 그러나, 아마추어 연기자는 발연기를 한다고 합니다. 발연기는 그만큼 감동도 없고, 재미도 없는 상태를 말합니다. 호소력이 있으려면 어떤 감정, 사실들을 잘 전달할 수 있는 수식어, 감탄 사, 조사 등을 잘 사용해야 합니다.

화가 난다. 정말 화가 난다. 책상을 엎어버리고 싶을 정도로 화가 난다. 두번 다시 보고 싶지 않을 정도로 화가 난다. 불에 탄다. 불에 활활 잘 탄다. 불에 타는 것이 거대한 산불처럼 무섭 도록 탄다. 등등 잘 생각해 보면 그 말을 듣고 상태를 정확하게 진단할 수 있습니다.

만약 여러분의 지인이 여러분에게 '야, 너희 집에 불났어.'라 고 말하면서 표정에 다급함이 없으면 여러분은 큰일이 아닐 수 도 있다는 느낌을 받게 되어 상황을 오판할 수 있습니다. 하지만, '야, 너희 집에 불이 나서 지금 난리도 아니야. 거의 50%정도 타고 있든데, 주변이 아수라장이고, 애들도 안보이고 소방차도 10대나 왔어.'라고 말하는 것과 느낌은 정말 확 다릅니다.

지금 중요한 것은 사실이 정말 그렇다면! 사실에 부합하도록 정확하게 표현해야 한다는 말을 하고 있는 겁니다. 급하면 급한 대로, 급하지 않으면 급하지 않은 대로 표현속에서 그 느낌을 최대한 살릴 수 있는 단어를 선택해야 합니다. 사실과 부합하게 말을 하려면 1%에서 100%까지 다양한 상태를 구간별로 섬세하게 표현해야 합니다.

즉, 사실관계에 추가되어야 할 분위기와 느낌을 어감이라고 하는데요. 어감을 살리기 위해서는 여러분이 누구에게라도 말을 할때 그저 평이하게 하지 말고, 생동감을 부여할 수 있는 수식어 즉 형용사, 부사같은 관형사를 잘 활용해야 합니다. 지금부터는 말을 할 때 한껏 치장을 하고 화장을 해서 표현해 보세요.

가까운 가족들에게 시도해 보세요. 그럼 그들의 얼굴표정이 달라집니다. 그동안, 말을 재미없고 밍밍하게 했기 때문에 가정 분위기가 삭막했을 수 있습니다. 재밌게 표현하고, 재밌게 얘기 하려고 노력해 보세요. 그러면 말을 하는 재미에 빠지게 될 것입니다. 어떤 경우에는 말을 할 때, 그들의 반응을 보면서 이렇게도 해보고 저렇게도 해봐서 말이 가진 파워를 느껴보세요. 그래야, 말의 힘을 알게 되고, 복잡한 감정표현도 할 수 있게 됩니다.

제가 교육생들에게 글을 써보라고 하는 이유는 말을 좀 더 잘 하게 하기 위함입니다. 말을 아름답게 치장하는 연습은 글로 써 보면 더 쉽게 익혀지기 때문이죠. 말은 곧 잘 하는데 글을 못쓰 는 사람들도 은근히 많이 있습니다. 대충 멀리서 보면 '아..잘한 다'고 생각했던 사람도 몇가지 미션을 주게 되면 '아..잘하는 것 처럼 보였지만, 결국 단계가 낮은 사람이었구나'를 알게 됩니다.

글을 자주 써보는 연습을 통해서 여러분의 말솜씨를 더 높은 곳까지 끌어올리세요. 말은 세상을 살아가는 핵심도구이며, 돈 을 버는 엄청난 무기입니다. 말을 잘해야 경매도 잘한다는 점 기억하세요. 말을 못하면, 경매는 성공하기 어렵습니다. 생각이 이기적인 사람이 말을 너그럽게 잘할 리 없습니다. 생각이 너그 러운 사람이 말을 못해서 너그럽게 보이지 않는 것은 손해입니 다. 말과 나를 일치시키고, 말과 나의 감정을 일치시키고, 말과 현실을 일치시키는 것은 매우 중요한 실력이자 나를 위하는 길 임을 명심하세요.

3. 제대로 표현하는 힘 키우는 훈련81)

제대로 표현하는 힘을 키우려면 별도의 훈련이 필요합니다.

---

81) 무조건 반복하세요! 무조건 가진 힘의 전부를 쏟아 부으세요!

매일 매일 쉬지 않고 말을 하고 살기는 하지만 정작 표현하는 것은 서툽니다. 우리의 표현력을 높이기 위해서 앞서 설명한 내용들을 반복해서 읽고 원리를 깨달아야 합니다. 원리는 모르면, 노력도 못할 뿐더러 설령 노력한다고 해도 잘 되지 않습니다.

아무리 읽어도 이해가 안된다. 무슨 말인지 모르겠다면 그때 좌절하지 말고, 더 많이 읽고 고민해야 합니다. 혹여, 여러분이 혼자 이해가 안된다고 해도, 더 많은 사람들은 이해를 하고 노력도 한다는 사실 잊지 마세요. 그래도 이해가 되지 않는 부분이 있다면, 킹왕짱옥션(kwz.co.kr)의 다해조상담에 사연을 남기세요. 유튜브방송으로 답변해 드리도록 하겠습니다.

▸ 훈련방법
'제대로 표현하는 힘을 키우는 훈련'은 매우 간단합니다. 일상생활에서 계속 표현을 해보면 됩니다. 여태까지는 그저 말하기만 했다면, 이제부터는 내가 하는 표현방식과 이야기 전개가 자연스러운지 아닌지도 꼼꼼히 살펴야 합니다.

지금까지 배운 것을 적어볼까요? 수집된 정보는 오염되지 않는 순수한 상태로 저장창고에 저장한다. 저장방식은 시점별 관점별로 한다. 그 후, 무엇을 말해야 하는지를 결정한다. 할 말이 결정되면 6하원칙에 맞춰서 표현한다. 표현할 때, 수식어, 감탄사를 적극 이용해서 생동감을 부여해야 한다.

불과 몇가지 안되는 절차이지만, 반복훈련을 통해서 숙달시
키면 여러분의 경매인생이 확 바뀝니다. 경매인생 뿐 아니라,
가정생활 직장생활 등 모든 곳에서 인정받게 될 겁니다.

▶ 훈련지침

제대로 표현하는 힘을 키우는 훈련은 매우 간단합니다. 제일
먼저 표현할 주제를 정합니다. 그 후, 거울을 보고 표현해 봅니
다. 거울 속에 나타난 모습을 내가 관찰한 후, 자기 스스로 냉정
한 평가를 해봅니다. 그 후, 내가 아닌 남이라면 나를 어떻게 평
가하겠는지를 생각해 봅니다.

아래 훈련표의 세번째 칸에 '내가 생각하는 상대방의 평가'도
구체적으로 적어보세요! 남이 나를 어떻게 생각할지를 추측해
보는 것은 나의 표현을 객관적으로 보게끔 해줍니다. 내가 스스
로 학생도 되고, 선생도 되어야 합니다. 그리고, '내가 생각하는
상대방의 평가점수'가 높아질 수 있게끔 같은 주제를 반복적으
로 이 관점 저 관점으로, 이 표현 저 표현으로 시도해 보세요.
그래서, 스스로도 만족스럽고 상대방도 만족스러워 할 때까지
실력을 높여 나가세요!

제대로 표현하기 훈련표 1

• 표현하고자 하는 주제글은 빠르게 적어야 합니다. 글을 적으면서 과도한 시간을 쓴다면 소기의 성과를 거두기 어렵습니다. 보는 사람도 없고 나 혼자만 하는 훈련이므로 괜히 겁먹지 마세요. 혼자하는 훈련조차 엄격하게 하지 않고 흐지부지하며, 심지어 망설이기까지 한다면 지금 포기하는게 낫습니다.

3분동안! 자기소개하기	#주제에 맞는 글을 적는다.
자체평가 후 문제점 적기	#거울보고 표현한 후 스스로 평가해서 문제점을 적는다.
내가 생각하는 상대방의 평가	#상대방이 듣고 있다고 가정하고 그 사람은 어떤 반응을 보일지 적는다.

제대로 표현하기 훈련표 2

• 표현하고자 하는 주제글은 빠르게 적어야 합니다. 글을 적으면서 과도한 시간을 쓴다면 소기의 성과를 거두기 어렵습니다. 보는 사람도 없고 나 혼자만 하는 훈련이므로 괜히 겁먹지 마세요. 혼자하는 훈련조차 엄격하게 하지 않고 흐지부지하며, 심지어 망설이기까지 한다면 지금 포기하는게 낫습니다.

내가 바라는 나의 미래모습	#주제에 맞는 글을 적는다.
자체평가 후 문제점 적기	#거울보고 표현한 후 스스로 평가해서 문제점을 적는다.
내가 생각하는 상대방의 평가	#상대방이 듣고 있다고 가정하고 그 사람은 어떤 반응을 보일지 적는다.

제대로 표현하기 훈련표 3

• 표현하고자 하는 주제글은 빠르게 적어야 합니다. 글을 적으면서 과도한 시간을 쓴다면 소기의 성과를 거두기 어렵습니다. 보는 사람도 없고 나 혼자만 하는 훈련이므로 괜히 겁먹지 마세요. 혼자하는 훈련조차 엄격하게 하지 않고 흐지부지하며, 심지어 망설이기까지 한다면 지금 포기하는게 낫습니다.

나의 가족에게 덕담하기	#주제에 맞는 글을 적는다.
자체평가 후 문제점 적기	#거울보고 표현한 후 스스로 평가해서 문제점을 적는다.
내가 생각하는 상대방의 평가	#상대방이 듣고 있다고 가정하고 그 사람은 어떤 반응을 보일지 적는다.

제대로 표현하기 훈련표 4

• 표현하고자 하는 주제글은 빠르게 적어야 합니다. 글을 적으면서 과도한 시간을 쓴다면 소기의 성과를 거두기 어렵습니다. 보는 사람도 없고 나 혼자만 하는 훈련이므로 괜히 겁먹지 마세요. 혼자하는 훈련조차 엄격하게 하지 않고 흐지부지하며, 심지어 망설이기까지 한다면 지금 포기하는게 낫습니다.

내가 가진 나의 문제점	#주제에 맞는 글을 적는다.
자체평가 후 문제점 적기	#거울보고 표현한 후 스스로 평가해서 문제점을 적는다.
내가 생각하는 상대방의 평가	#상대방이 듣고 있다고 가정하고 그 사람은 어떤 반응을 보일지 적는다.

제대로 표현하기 훈련표 5

• 표현하고자 하는 주제글은 빠르게 적어야 합니다. 글을 적으면서 과도한 시간을 쓴 다면 소기의 성과를 거두기 어렵습니다. 보는 사람도 없고 나 혼자만 하는 훈련이므로 괜히 겁먹지 마세요. 혼자하는 훈련조차 엄격하게 하지 않고 흐지부지하며, 심지어 망설이기까지 한다면 지금 포기하는게 낫습니다.

오늘 나의 기분은 이랬다.	#주제에 맞는 글을 적는다.
자체평가 후 문제점 적기	#거울보고 표현한 후 스스로 평가해서 문제점을 적는다.
내가 생각하는 상대방의 평가	#상대방이 듣고 있다고 가정하고 그 사람은 어떤 반응을 보일지 적는다.

본 책자에서는 총5회 분량의 훈련표를 제공합니다. 향후 여러 분 스스로 훈련일지를 만드세요. 제대로 표현하는 능력은 사회 생활을 하는 중에도 매우 중요한 능력이며 이 능력이 높을 수록 직장내에서 대우를 받게 됩니다.

또 가정내에서도 꼭 필요한 능력이 제대로 표현하는 능력입 니다. 부끄러워서, 나는 원래 쑥쓰러움을 많이 타서 등등 이런 나약한 변명을 하면 안됩니다.

여러분의 자식들이 이런 핑계를 대면서 남 앞에서 나약한 표

정을 짓고 있다고 생각해 보세요. 끔찍하지 않습니까? 여러분이
먼저 솔선수범하세요. 가족간에 대화하는 시간을 자주 마련하
세요. 맛있는 것을 먹으면서 제대로 표현하는 힘을 보여주세요.
그리고 아이들을 그렇게 가르치세요. 그리고 말 안통하는 부인
과 남편과 이 훈련을 같이 해보세요. 좀 더 행복한 인생이 될 것
이라고 확신합니다. 이 훈련들은 행복만 불러오는 것이 아니라,
돈도 불러올 것입니다.

3부. 시세조사 입떼기 결론

경매투자는 '과학적, 체계적, 합리적'이어야 한다.
시세조사를 못하면, 낙찰가격을 쓸 때 어물쩍거린다.
실전!! 경매투자의 90%는 '말'이다.
고수가 되기 전까지는 법원경매 한 우물만 파라!
말하는 것은 '경매투자자의 기본 능력 중 일부'일 뿐이다.

3부. 시세조사 입떼기 결론

지금까지 잘 읽고 훈련하셨나요? 많이 어려우시죠? 당연히 어려울 겁니다. 머리털나고 첨듣는 소리에 첨듣는 훈련법이라니, 더구나 이런 훈련이 경매투자에 필수적인 능력을 키우는 것이라니, 혹시라도 아래와 같은 생각을 하진 않으셨나요?

'대한공경매사협회가 쓴 경매책자라고 해서 사봤더니 '시세조사 입떼기'는 뭐지? 도대체 무슨 내용이지? 도기안협회장이 중요하다고 하니까 뭐가 있긴 있나본데, 이 많은 분량을 그냥 썼을 리는 없고! 그치만, 이왕이면 유치권이나 법정지상권, 토지별도등기, 대지권미등기 등등 좀 더 실용적인 것을 알려주지, 시세조사 입을 뗀다는 말은 또 첨듣네! 일반 경매카페나 경매학원에서는 단 한 번도 듣도보도 못한 내용을 강조하니 어안이 벙벙하네'라고 말이죠.

누구나 할 수 있는 권리분석공부! 경매투자의 '5%밖에 차지하지 않는 권리분석공부!'가 여러분의 경매인생에 얼마나 많은 영향을 미칠지 생각해 보셨나요? 애초에 5%밖에 되지 않는 권리분석이다보니, 그 공부를 100%완성했더라도 결국 경매전체의

5%를 정복한 셈이 됩니다. 바로 그래서! 허전하고 불안하고 답답함이 생기는 겁니다. 왜냐하면, 나머지 95%는 배우거나 채우지 않아서 그런 것입니다.

우선, 경매는 제정신을 차린 사람들이 잘합니다. 제정신이란? 제대로 듣고보기, 제대로 기억하기, 제대로 표현하는 힘을 가졌을 때 제정신이라고 하는 겁니다. 헛것을 듣고 보고, 헛것을 기억하고, 헛것을 표현하는데 어떻게! 무슨 수로! 부자가 되겠습니까? 시세조사 입떼기는 제정신을 차리는데 탁월한 효능이 있음을 확신합니다.

1장. 경매투자는 '과학적, 체계적, 합리적'이어야 한다.

한국에서는 요리사가 솜씨가 좋으면, '손 맛이 좋다.'고 합니다. '역시 손 맛이야!'라는 표현 속에는 객관적인 면 보다는 주관적인 가치가 녹아 있습니다. 남이 따라하지 못하는 것을 의미하기도 합니다. 이른바 '비법'이라는 것이죠. 이런 '비법'은 전수하는 것이 여간 까다롭지 않습니다.

동양에서는 사부와 제자 관계를 설정하고 그 관계 속에서만 비법이 전수됩니다. 비법 전수는 대중을 상대로는 전수하기 어렵습니다. 왜냐하면, 사부의 주관적인 느낌과 주관적인 감성이 녹아있는 것이 비법이기 때문이죠. 학생들은 각자 살아 온 인생이 다르고, 가치관이 다르기 때문에 한 방향으로만 얘길하면 못 알아듣는 교육생들이 생기기 마련이죠.

그래서, 정통고수를 만들기 위해서는 소수정예라는 것이 필요합니다. 만일 모인 사람들이 소수정예가 아닌 경우에는 학생들 스스로 망설이지 말고 물어서 반드시 알고 가는 것이 좋습니다. 물론, 그러려면 학생들이 정말로 공부에 집중하고 탐구심이 강해야 합니다.

그렇다면, 서양은 어떨까요? 서양요리에는 '손 맛'이라는 표현보다는 '레시피'라는 표현이 더 알려져 있습니다. 레시피는 어떤 요리를 할 때, 매우 중요한 매뉴얼입니다. 요리에 필요한 재료명칭, 재료함량, 온도측정, 요리시간까지도 기록됩니다. '레시피'에는 재료는 몇 년된 어떤 재료를 사용하고, 온도는 200도에서 10분간 조리하라는 등 세부적인 지침들도 명시됩니다.

이런 상세한 매뉴얼이 있다면 누구나 비슷한 맛을 낼 수 있습니다. 여러분들이 아는 프랜차이즈 가맹점도 거의 다 '표준화된 레시피'와 표준화된 재료와 소스를 가지고 동일한 간판 아래 동일한 품질의 맛을 내려고 노력합니다. 이것이 바로! 서양인들의 사고방식 입니다. 서양인들이 전세계를 지배하는 대표적인 이유 중 하나는 바로 이겁니다. 매뉴얼! 즉, '과학적인 접근법'인 거죠.

저는 경매실전기법을 효과적으로 전수하기 위해서 경매투자 단계를 6단계로 세분화하고, 매 단계별로 훈련지침과 훈련매뉴얼을 만들었습니다. 이름하여 '경매레시피'인 셈이죠. 6박7일 정도 '경매레시피'대로 훈련하고 배우면 아무 것도 모르던 경매초보일지라도 자신감을 갖게 됩니다.

혼자서 물건을 검색하고 조사하며 남들이 어려워 하는 물건에도 거침없이 도전합니다. 실무교육효과는 이미 입증된지 벌써 4년이 넘는 거 같습니다. 어지간히 노력하지 않는 사람 빼고는, 전부다 경매투자에 자신감을 갖는 것을 보면 가끔 놀랍니다.

즉, 협회가 만든 스파레쥬과정은 앞서 예를 든 '손 맛'이 아닌, '레시피'입니다. 과학적, 체계적, 합리적이어서 배운대로만 하면 누구라도 실력이 쌓입니다.

2장. 시세조사를 못하면, 낙찰가격을 쓸 때 어물쩍거린다.

경매투자를 잘하려면 많은 물건을 봐야 합니다. 소위 1회독을 해야 하죠. 이 물건 저 물건을 편견없이 살펴봐야 우량물건을 찾을 수 있습니다. 다만, 우량물건을 찾더라도 시세조사를 잘못 하면 '말짱 도루묵'이 됩니다. 시세조사할 때 '부자마인드'는 매우 중요한 위치를 차지합니다.

경매는 누구나 할 수 있습니다. 우리 부모님 세대들은 권리분석을 포함한 법적 지식이 없었어도 경매투자를 했습니다. 다만, 전문적인 투자마인드와 투자 포트폴리오, 투자의 지속성을 유지하는 힘이 없어서 고만고만한 수준에서 멈췄을 뿐입니다.

경매의 진가를 잘 모르다보니, 겨우 몇번 정도는 투자하지만 평생동안 지속적으로 하지 못합니다. 만일 경매투자가 돈이 되는 재테크임이 명백하다면, 왜? 두고두고 평생동안 하지 않는 것일까요? 왜? 경매투자를 조금 하다가 엉뚱한 곳에 투자를 해서 돈을 까먹는 걸까요? 사실 한 분야만 파도 실력이 모자라는데요, 몇 건 정도 하는 수준에서 더 발전하지 않는다면 겨우 경매초보나 면하는 수준에 멈추는 겁니다.

대체로 이런 수준에 머무는 원인 중 대표적인 것이 바로! 시세조사입니다. 시세조사를 제대로 하지 못하다보니, 점쟁이가 되어버립니다. 부동산업소에 물어보면 이 말 저 말이 전부 다릅니다. 뉘앙스도 다르고, 가격도 천차만별이죠. 시세조사를 열심히 하려고 해도 중개업자의 불성실한 태도를 접하게 되면 여러분은 시세조사를 위해 전화기도 들기 싫어지게 됩니다.

또, 오랜 시간을 투자해서 시세조사를 했더라도 모아진 정보의 우열도 모르겠고, 진위도 모르겠는 경우가 더 많습니다. 9시 뉴스에 나오는 부동산 전문가들처럼 이 지역의 20평 아파트는 대충 3억이라는 식의 정보와 이 지역에 뭐가 들어온다는 식의 정보는 경매투자에 아무런 도움이 안되는 쓸모없는 정보에 불과합니다. 그래서, 9시 뉴스에 나오는 부동산업자들의 말은 그저 그런 사람들에게는 통할지 몰라도, 경매쟁이에게는 아무리 좋게 봐도 부동산 전문가는 아닙니다.

가끔 팟캐스트나 유튜브에서도 전혀 도움안되는 지역부동산 소식들을 방송하는데요, 그 곳에 엄청난 숫자의 사람들이 몰려서 소중한 시간을 그런 얘기 듣는데 소모하고 있음을 보게 됩니다. 나에게 도움안되는 공부를 하면서 시간을 쓰고 있기 때문에 내 삶이 작년이나 금년이나 달라질 게 없다는 것을 왜 알지 못하는 것일까요?

정말 신기한 것은, 경매초보가 조사한 내용과 9시 뉴스에 나오는 부동산 전문가들의 내용이 거의 비슷하다는 점입니다. 투자에 아무런 이익이 없는 그저그런 이야기, 두루뭉실한 이야기, 들으나 마나한 이야기만 수집하게 된다는 거죠. 듣고나서 나에게 어떤 이익도 없는 그저그런 정보만 수집한다면 시간낭비, 정력 낭비만 하는 셈이 되어버립니다.

3장. 실전!! 경매투자의 90%는 '말'이다.

경매투자에서 제일 중요한 것은 '말'입니다. 권리분석 지식과 부동산 지식 등은 실전!! 경매투자에서 돈과 직접 연관성이 떨어집니다. 경매학원과 경매카페에서 배우기 시작한 사람들의 가장 큰 문제점은 처음 접했던 사고방식에서 평생 벗어나지 못한다는 겁니다. 마치 오리가 알에서 깨어나서 처음 본 사람을 엄마로 착각하는 것처럼 말이죠.

이렇듯, 처음 경매를 가르치는 선생이 평생동안 지대한 영향을 미친다면? 경매를 배울때는 조심스럽고 신중하게, 다양한 측면을 고려하여 가르치는 선생을 선택해야 합니다. 하물며 경매선생과 경매학원도 명확한 기준없이 대충대충 결정하는데 경매물건 선택은 오죽하겠습니까? 경매물건은 매우 신중하게 선택해야 함에도 논리적인 프로세스 없이 대충 충동적으로 선택하는 사람들이 이 세상에는 너무 많습니다.

저는 과거 운동을 배울 때도, 이왕에 같은 시간과 노력을 들인다면 정말 실전적인 운동을 배워야겠다고 생각한 적 있습니다. 그래서, 이 곳 저 곳을 잠깐 잠깐 다녀본 후 최종적으로 배운 곳에서 저는 정답을 찾았습니다. 기술 속에 수비과 공격이 녹아있고 상하 주먹과 발을 함께 사용하며, 급소 중심으로만 타격하는 운동을 찾은 거죠.

저의 천성이 실전적인 것을 좋아하다보니, 경매투자도 가장 빠른 길을 찾게 된거죠. 같은 시간을 투자한다면 여러분에게 가장 큰 성과를 안겨줄 재테크는 법원경매입니다. 마치, 같은 시간을 들여서 활쏘기를 배울 건지, 총쏘기를 배울 건지 선택하는 것과 같습니다. 이왕에 배워서 실전에서 싸워야 한다면 여러분은 활을 배우시겠습니까? 총을 배우시겠습니까? 당연히 총을 배워야 할 겁니다. 같은 노력을 해도 성과가 다른 것이 더 실전적인 겁니다.

경매를 배운다면, 당연히 권리분석과 잡다한 부동산지식을 공부하는 시간에 '시세조사기법과 합리적인 분석법을 배우고 마인드를 갈고 닦아서 최고가 낙찰자가 되는 것'이 돈을 한 푼이라도 더 버는 실전적인 길인 겁니다.

이런 관점에서 살펴보건대, 경매의 실전기술 중 으뜸은 '말'을 잘하는 것입니다. 말을 잘하는 법을 상세히 기술한 것이 바로 이 책 '시세조사 입떼기'입니다. 물론, 이 책에 담지 않는 것들이 많습니다. 그래서 입떼기라고 이름을 붙인 겁니다. 하지만, 이 책에 있는 것을 몸에 익히기만 해도 최소한 남들보다는 훨씬 더 부자가 될 확률이 높아진 겁니다.

4장. 고수가 되기 전까지는 법원경매 한 우물만 파라!

부동산 분양은 부동산의 소매시장입니다. 소매시장에서 부동산을 구입하는 것은 별다른 노력과 기술이 필요하지 않습니다. 공인중개사를 잘 이용하면 됩니다. 그러나, 법원경매는 공인중개사에 의존할 수 없습니다. 오로지 내가 갈고 닦은 기술로 투자하는 겁니다.

즉, 부동산 소매시장은 별다른 기술이 필요없지만, 도매시장인 법원경매는 특별한 기술이 있어야 합니다. 자! 그럼 여러분은 둘 중 어느 것을 오랜 시간동안 공들여야 할까요? 당연히 특별한 기술에, 갈고 닦아야 빛을 보는 기술에, 더 많은 공을 들여야 하지 않을까요?

그럼에도 불구하고, 시간과 돈을 들여서 어렵사리 법원경매를 배워 놓고선 소매시장의 부동산투자에 기웃거리는 사람들이 은근히 많습니다. 또, 명도나 시세조사기술을 닦을 소중한 시간에 다른 짓을 하기도 합니다. 이런 사람들은 결국, 경매투자의 핵심을 모르게 되고 결과적으로는 소중한 시간을 낭비하게 됨니다.

　법원경매는 단 한번 투자하는 것이 아니라, 두고두고 평생동안 하는 것입니다. 어떤 것은 노동자의 하루 임금 수준만큼 버는 것도 있고, 어떤 것은 황금알을 낳는 오리처럼 향후 인생에 커다란 영향을 미치는 물건이기도 합니다. 이런 성질만 봐도, 경매투자는 깊이 파볼만한 성질을 갖고 있는 학문입니다.

　그런데, 경매초보들은 자신의 실력이 미천함에도 불구하고 경매를 파볼 생각을 하지 않습니다. 이런 현실은 매우 안타까운 일입니다. 굳이 인연이 생겼음에도 어떻게 그렇게 잘 피해가는지 놀라울 때가 한두 번이 아닙니다. 만일, 여러분이 경매투자에 인연이 생겼다면 다른 어떤 재테크보다 경매투자 한 가지라도 실력을 높이게끔 노력해야 할 겁니다.

　축구를 취미로 하면 조기축구 수준에 그치겠지만, 축구로 밥을 먹을 생각이라면 프로축구까지 올라갈 수도 있습니다. 취미로 간간히 하는 사람이 축구 기술에 욕심을 낼 리 만무하고, 그러다보니 실력이 낮을 수밖에 없을 겁니다. 축구로 밥을 먹겠다고 생각하는 사람은 축구 기술에 목을 맬 것입니다.

　경매투자를 평생 소중한 동반자이자 의지처로 볼 것이냐? 남들이 좋다고 하니까 나도 한번 해보자는 식으로 할 것이냐?에 따라 결과물이 엄청나게 차이가 납니다. 그러므로, 이왕에 경매를 배운다면 꼭 경지까지 올라가도록 공부를 열심히 하십시오.

모든 것은 여러분의 선택입니다. 아울러 그 결과도 여러분의 몫입니다. 저는 제가 알고 있는 것을 충분히 설명했습니다. 앞에 언급했던 '시세조사 입떼기 훈련'을 수시로 읽고 외우고 이해해서 완전히 자기 것으로 만드세요. 그래서, 반드시 여러분의 머리를 개조하세요. 그 결과로 '경매형인간'이 되면 저절로 부자의 길에 들어서게 될 것입니다.

5장. 말하는 것은 '경매투자자의 기본 능력 중 일부'일 뿐이다.

앞서 경매의 90%는 '말'이라고 했습니다. 시세조사를 아주 잘하는 사람은 낙찰도 쉽게 합니다. 여기서 말을 잘한다는 것의 의미를 다시 정리해 봅시다. 제대로 듣고보기, 제대로 기억하기, 제대로 표현하기를 다 잘해야 말을 잘한다고 합니다.

이 관점에서 보면, 단지 일상생활에서 말을 잘한다고 표현하는 것은 너무 작은 요소에 불과합니다. 즉, 일상생활에서 말을 잘한다는 것과 경매에서 말을 잘한다는 것은 엄청난 기술차이가 존재합니다. 즉, 여러분이 말하는 '말을 잘하는 것'은 경매투자의 핵심기술 중 한가지 정도일 뿐입니다.

적어도 말을 잘하는 사람은 말을 못하는 사람들에 비해서 머리가 뛰어납니다. 하지만, 그것이 전부는 아닙니다. 예를 들어, 힘이 세고 민첩한 사람은 무술을 배우기에 좋은 장점을 갖고 있을지언정, 무술을 배운 사람보다 더 강할 수는 없습니다. 이처럼 말을 잘하는 사람이 경매를 제대로 공부하면 남보다 발전할 수 있을지언정, 말만 잘한다고 해서 경매투자를 잘할 수는 없습니다.

시세조사를 잘하는 사람들이 또 다시 넘어야 할 산은 시세분석입니다. 시세분석을 넘어선다고 해도 다시 수익률분석표를 잘 만들어야 하며, 그 분석표를 잘 분석하는 것도 또 넘어야 할 산입니다. 시세분석능력은 '수집된 정보들의 우열과 진위를 파악하는 능력'입니다. 이 분석능력만은 쉽게 생성되거나 훈련되어지지 않는 능력인거 같습니다.

'시세조사 입떼기'에서는 '시세조사능력을 키우기 위한 기본적인 훈련법'을 제시했습니다. 그러므로, 시세분석능력이라는 것이 더 남아있다는 점을 기억한 채로 이 책을 공부해야 합니다. 여기서 제시한 시세조사훈련기법 이외에도 제대로 감정신기 훈련, 제대로 마음싣기 훈련, 제대로 궁금하기 훈련을 계획했으나 너무 많은 것을 훈련과제로 두는 것은 오히려 역효과가 날 거 같아서 간단한 3가지 훈련만 공개했습니다.

이 책에서 제시한 3가지 훈련만 마스터해도 여러분의 경매실력은 쑥쑥 올라갈 것이며, 반드시 부자의 길로 갈 겁니다. 다만, 잊지마세요. 이것은 기술일 뿐 궁극적인 원리는 [부자마인드]라는 것을 말이죠. [부자마인드]가 받쳐 주지 않으면, 기술도 지식도 다 소용없습니다. 부자마인드를 처음 듣는 분들은 유튜브 [도기안의 경매왕!] 채널에서 해당 강의를 찾아서 시청하시기 바랍니다. [선인선과 악인악과]와 [만족함을 알라!]는 부자마인드의 핵심가치입니다.[82]

---

82) 대한공경매사협회 설립취지나 스파레쥬 교육원리와 기술은 모두 다 부자마인드에서 유래된 것입니다. 좋은 원인을 지어야 좋은 결과가 나온다는 진리에 근거한 교육이기 때문에 모순이 없고, 부작용이 없습니다. 제가 가르치는 가벼운 경매기술만 얻어서 돈을 만질 수는 있으나 궁극적인 고수가 되기 어렵고, 돈과 나의 인생을 일치시키는 '마음수양'이 되기도 어렵습니다. 제 밑에서 배운 사람들에게 부자마인드를 아무리 강조해도, 급작스럽게 큰돈을 벌게되면 정작 중요한 인과의 원리를 무시하는 것을 너무 자주 봅니다. 원래 타고난 그릇이 작다보니, 그것을 벗어나지 못하나 봅니다. 더 큰 부자의 길이 있는데, 작은 돈에 정신이 팔려서 도리니, 의리니, 정의니 하는 기본적인 가치를 존중하지 않습니다. 이런 자들을 두고, 염불 보다는 잿밥에 관심이 있다는 속담이 있는 겁니다. 장담컨대, 부자마인드 원리는 우주의 원리이며, 이 원리를 무시하면 반드시 무너지게 됩니다.

시/세/조/사/입/떼/기

4부. 글로 읽어 보는
도기안 특강

말의 '무게중심'을 상대방에게 두라!!
경매성공비결, 첫째는 경매의 본질 파악! 둘째는 실전추구!

4부. 글로 읽어보는
도기안 특강

1장. 말의 '무게중심'을 상대방에게 두라!!

> 본 강의는 2018년 경매초보탈출에서 '시세조사 연습해보기' 교육 초기에 실시한 특강입니다.

안녕하세요. 오늘은 경매초보탈출 '시세조사 연습해보기' 시간입니다. 한 주간 잘 지내셨나요? 시세조사는 경매초보들에게도 매우 어려운 부분인데요. 왜냐하면, 경매초보들은 말을 잘못하기 때문입니다. 말을 잘못한다는 것은 개인의 성격도 하나의 원인이지만, 말을 잘하는 기술이 없어서이기도 합니다. 물론, 근본적으로는 성격이 먼저 고쳐지고, 말도 느는 것이지만요. 말을 먼저 고침으로써, 성격도 고쳐진다는 점은 분명하죠.

자. 물어보겠습니다.

만약에요. 대화상대방이 생각하기에 '저 사람은 말을 참 잘한다.'라고 느끼게 하려면, 어떻게 해야 할까요? 여러분도 가능하면 여러분이 한 말이 상대방에게 미치는 영향력이 커졌으면 하시죠? 영향력이 커지는 건 좋은 점이 많은데요.

한 번 생각해 보세요. '저 사람은 말을 참 잘한다.'고 평가를 받으려면 어떻게 해야 할까요? 이 해답을 알기 위해서 먼저 생각해 봐야 할 것이 있습니다. '야, 저 사람 말 잘하네..'라는 말은 누가 하는 말인가요? 바로! 여러분의 대화 상대방 아닌가요? 내가 하는 말의 평가는 누가 한다?? 상대방이 합니다. 맞지요??

경매의 90%는 '말'이라고 하는 것처럼, 말을 매우 잘해야 하는데요. 상대방의 상황과 처지를 고려해서 내뱉는 멘트에는 감동이 있고 배려가 있습니다. 이런 경우를 두고, '말을 잘한다.'고 하는 것이죠. '말을 잘해야 경매를 잘한다.'고 했으므로, 여러분은 '아! 경매를 잘하려면, 내 마음의 기준을 상대방에게 둬야되는 거구나!'라고 생각해야 합니다.

저는 이것은 '이야기의 '무게중심'을 상대에게 이동시키라.'고 표현합니다. 어떤 말이든, 무게중심을 상대방에게 이동시키면, 상대방이 듣기에 말을 참 잘한다고 느끼게 됩니다.

그런데, 어떤 사람이 하는 말을 듣다보면, 답답하기도하고 맨날 이상한 소리만 하거나 자기 얘기만 하기에 급급한 사람들도 있습니다. '아! 쟤는 자기 방식으로만 얘기하고, 도무지 공감도 안되고 대화도 안돼!' 또는 '저 사람 말은 들어도 아무 감동도 재미도 없어!'라는 말을 듣게 되는 케이스입니다.

일상생활 속에서는 상대방이 이해하기 좋게 버무려서 설명을 잘하려고 노력할 필요성을 느끼고 살지 않습니다. 토막토막 끊어진 대화만 할 뿐이죠. 이런 대화는 초등학교 덧셈 같은 것이라서 누구나 할 수 있지만, 많이 연습을 한다고 해도 덧셈만 알 뿐 곱셈은 전혀 모르는 것과 같습니다.

70세까지 일평생 말을 하고 살았지만, 상대방에게 감동을 주는 화법은 전혀 없고 오직 내 주장만 하거나 어린애같이 억지만 쓰는 사람들이 훨씬 더 많습니다. 그것은 대화의 중요성과 대화의 기술을 전혀 모르기 때문이죠. 대화의 원리를 모르는 것은 너무 당연한 것이고요.

대화의 원리는 지금 강의하고 있는 것입니다. '남이 나를 평가해 주는 것'이 대화라는 것을 기억해야 합니다. 나한테 듣기 좋은 소리가 아니라는 거죠! 그러니까, 여러분들이 경매를 잘하려면 상대방의 마음을 있는 그대로 읽어 내야하고, 읽은 다음에 상대의 눈높이에 맞는 표현을 해야 한다는 말입니다. 명도도 그렇죠! 명도 대상자에게 어떤 말을 건네느냐에 따라서 대화의 결과가 완전히 달라집니다.

그러므로, 말의 결과를 달라지게 하는 멘트의 무게중심은 누구에게 있어야 할까요? 바로, 상대방에게 무게중심이 가 있어야 합니다. 여기까지 생각하면, 갑자기 이런 궁금증이 생깁니다. 혹시 '나에게는 이익이 전혀 없는 거 아니야?'라는 생각 말이죠.

대개, '말의 중심을 상대방에게 둔다면, 과연 나에게 이익이 있을까?'라고 의문을 갖기도 합니다. 간단히 예를 들자면, 만일 여러분이 치킨 장사를 한다고 생각해보세요. 돈은 누구에게서 나옵니까? 당연히 고객에게서 나옵니다. 고객은 어떤 상태일때 돈을 지불하나요? 당연히 자기 맘에 들 때 지갑을 흔쾌히 엽니다. 맞지요?

고객이 자신의 마음에 들 때 지갑을 여는 것이므로, 여러분의 말의 중심도 고객의 마음을 잘 반영해서 대화를 한다면 고객에게서 돈을 받을 수 있을 겁니다. 즉, 돈을 버는 가장 빠른 길은 결국 돈을 지불하는 고객의 마음을 여러분의 영업의 중심에 두는 것입니다.

결국 '나의 이익'은 '고객의 마음'에 달린 것이므로, 나의 말과 행동의 중심축은 고객에게 둬야 한다는 결론에 이릅니다. 좀전에는 장사로 예를 들었지만, 사회생활 속에서 만나는 모든 사람들에게 무게중심을 옮긴다면 생각지도 못했던 큰 이익을 얻을 수 있습니다.

결국, 내가 사랑을 받으려면 내가 먼저 상대방을 아끼고 사랑

해주면 되는 이치와 같습니다. 내가 먼저 상대방을 존중해주면 그 존중이 나에게 돌아오듯 말이죠. 말의 중심을 상대방에게 둔다는 것은 어찌보면 매우 간단한 방법입니다. 하지만, 알아도 따라하기 어려운 이유는 '상대방의 마음을 읽어낸 연후에야 가능'하기 때문입니다.

확실한 것은 진정으로 상대방의 마음을 알아야만, 비로소 상대방의 입맛에 맞는 말을 하게 된다는 사실입니다. 좀전에 치킨집 얘기 아주 이해가 쉽죠? 나의 이익을 위해서 저 사람의 입맛을 맞춰주니까 내가 돈을 벌고, 저 사람의 입맛에 맞는 얘기를 해주니까, 명도가 빨리되어서 내 이익이 있고, 경매교육을 여러분들의 고개가 끄덕이게끔 하기때문에, 협회에 교육받으러 오신 거 아니겠습니까?

이게 엄청 쉬운 이치인 거에요. 그러니까, 여러분들이 공인중개사에게 어떤 내용을 얻고 싶어요. 그럼, 누구에게 무게중심을 둬야 합니까? 바로, 공인중개사에게 맞추면 됩니다. 시세조사를 할 때 이 마음을 가져라 이겁니다. 공인중개사의 마음을 딱 읽고, 공인중개사가 듣고 싶어하는 얘기를 해주면 됩니다. 그래서 등장한 화법이 칭찬화법이에요!

그러니까, 조금 이따가 부동산업소에 전화할 때 칭찬하면서 시세를 물어보세요. 제가 하고 싶은 말은 이겁니다. 물론 화법은 여러가지가 있지만, 초보탈출강의이니 만큼 이 이치라도 알고 가세요. 이거 엄청 중요해요. 말을 잘해야 경매를 잘한다. 돈은 어디서 나온다? 상대방에게서 나온다! 꼭! 기억하세요.

또 한가지 예를 들어볼까요? 가정에서 반찬타령을 하면, 엄마가 항상 하는 말은 뭔가요? '그냥 주는 밥을 고맙다고 생각하고 먹어라!'고 합니다. 이 말은 상대방의 입맛 따위는 관심없으니 그저 주는 대로 먹어야 한다는 아집이 들어간 표현입니다. 그래서, 아이들이 반발하는 겁니다. 자신의 입맛을 무시하기 때문이죠. 가정내에서도 엄마가 아이에게 무게중심을 주게되면, '아, 그래 맛이 어떤데? 어떤 맛을 원하는데?'라고 한마디 묻고 나중에 그 맛을 맞추려고 노력하는 모습을 보여 준다면, 아이들은 엄마를 좋아하게 됩니다.

존중받고 자란 아이는 또 남을 존중해 주게 됩니다. 결론적으로, 상대방에게 무게중심을 두게 되면 쉽게 풀리는 일이 매우 많습니다. 무게중심을 상대방에게 둔다는 말의 의미를 잘못 이해하게 되면, 마치 주관이 없는 사람이 되는 것처럼 오해할 수도 있습니다.

남에게 무게중심을 두는 것은 훈련을 통해서만 이뤄집니다. 훈련하지 않는 대다수 사람들은 태어나면서부터, 누구나 자기에게 무게중심을 두고 판단하고 행동합니다. 그러므로, 남에게 무게중심을 두는 연습을 하는 것은 어려운 것이고, 또 남에게 무게중심을 둔다고 한들, 나의 줏대가 없어지거나 나의 이익이 없어지지 않습니다.

나에게 무게중심을 두게되면, 나의 이익이 없어진다는 점은 참 묘한 이치입니다. 얻으려고 하면 얻지 못하고, 버리면 얻어지는 묘한 이치인 거죠. 남에게 무게중심을 두는 것은 오히려 '나의 줏대'가 강한 사람만이 할 수 있는 일입니다. 즉 남에게 무게중심을 두는 것이 곧 '나의 줏대'인 거죠. 그러므로, 항상 무게중심을 남에게 두고 남의 입장과 마음을 고려하는 것을 제일 먼저 실시해 보시기 바랍니다. 놀라운 변화를 느낄 수 있을 겁니다.

2장. 경매성공비결, 첫째는 경매의 본질 파악! 둘째는 실전추구!

> '대표님은 경매로 성공하셨는데요. '왜? 어떻게? 성공하셨나요?'라는 질문에 대한 답변입니다.

첫째는 '경매의 본질을 제대로 파악한 후 공략했다'는 점입니다.

네, 저는 법원경매에 입문하기 전이나 후에나 지금까지 누구에게 배운 적이 없습니다. 경매는 사실, 저의 부모님도 하셨거든요. 물론, 제가 어렸을 때라 그냥 '경매를 하셨다.' '예전에 한

번 물건을 보러 따라가봤다.' '낙찰받은 집에서 공부하면서 전세가 나갈때까지 집을 지킨 적이 있다.' '강제집행 하는 것을 본 적이 있다.' 정도만 제 기억 속에 남아 있습니다.

어찌어찌하다보니, 경매 쪽에서 벌써 20년 세월이 지났는데요. 제가 1998년에 경매를 처음 시작했으니 저도 알고보면, 고참 축에 끼는 거죠. 저의 부모님이 경매하시는 것을 본 입장에서, 요즘 경매초보들이 경매를 막 시작하려고 할 때, 권리분석에 목을 매는 것을 보면 저는 그게 참 이상했어요.

첫단추를 잘못 꿰면, 마지막 단추가 맞지 않는 것처럼, 경매공부를 시작부터 잘못하면, 마지막이 좋을 리 없습니다. 거의 태반은 시작부터 안되는 길로 들어서는 거죠. 처음 경매를 배울 때 머리에 주입하는 생각이 중요한데요. 스스로 판단해서 '경매공부는 왜하는지? 경매투자에 적합한 가장 빠른 길은 무엇인지?'를 먼저 결정해야 합니다.

이런 소중한 생각들을 아예 하지 않는다는 것이 신기할 따름이죠. 경매공부는 왜하는 건가요? 그냥 호기심에 경매라는 것이 있길래 하는 것인가요? 오로지 경매공부는 돈을 벌기 위해서 하는 것 아닌가요?

마치 운전면허를 따고서도 자동차를 사지 않고 뚜벅이로만 늙는 것처럼, 혹시 경매공부도 장롱속에 넣으려고 공부하시나요? 인생이 그리 한가하지 않을 건데 말이죠. 도무지 어떤 긴장감도 느껴지지 않는 느슨한 생각들이 엿보입니다. 그런 생각으로는 무슨 일을 하든 결과가 빛나지 않습니다.

저의 경우, 처음부터 너무 당연하게 권리분석은 이 경매판에서 그다지 중요하지 않다는 것을 분별했습니다. 제일 중요한 것은 좋은 물건을 잘 잡는 것이다. 그리고, 지금 한두 번이 아니라 평생을 두고 이 경매판을 떠나지 않을 그 무엇을 단련하는 것이 핵심이라는 점을 간파했습니다. 권리분석이 중요하다고 말을 하기엔, 그보다 훨씬 중요한 것들이 줄을 서 있습니다.

지금까지 경매판에서 20년이란 세월이 지났고 남들이 이루기 어려운 성과를 이뤘습니다. 제가 경매에서 성공한 첫번째 이유는!! 바로! 경매의 본질과 실체를 파악한 후 공략했다는 겁니다. 즉, 먼저 관찰하고 공략포인트를 잡은 후 노력한다는 것이죠. 대다수 실패자는 먼저 관찰하지 않습니다. 먼저 공략포인트를 짜지도 않습니다.

둘째는 '철저히 실전적인 것만을 좋아했다.'는 점입니다.

지금까지 제가 살아 온 인생을 살펴보면, 무엇인가 목표가 불분명할 때 시작한 것들은, 짧으면 몇 일 길면 한 달 정도 하다가 접어버립니다. 그래서, 저는 '내가 뭔가 꾸준하게 하지 못하는 끈기없는 사람인가?'라는 생각도 해봤습니다.

하지만, 만일 꾸준함이 없었다면 현재 이 자리까지 올라오지도 못했을 뿐더러, 여러분 앞에서 강의를 한들, 여러분이 감동할 리도 없고 배워 갈 지식도 없어야 하지 않겠어요? 그렇다면 이런 습성을 어떻게 봐야 할지를 곰곰이 생각해보니, 한가지 결론이 보이더라고요. 그것은 별로 쓸모없다고 판단되는 것은 언제든지 과감하게 '손절매'하는 성격을 갖고 있다는 결론에 도달하더라고요.

저의 천성은 본래 실용적인 것, 실전적인 것, 바로 써먹을 수 있는 것에 관심이 많습니다. 예를 들어, 저는 과거 포토샵을 못했습니다. 디자인을 하는 직원을 뽑아서 포토샵을 시키다보니, 직원이 나가면 새로운 직원이 뽑힐 때까지 디자인 업무가 중단되더라고요. 마치 중국집 요리사가 갑자기 회사에 나오지 않으면, 바로 문을 닫는 것처럼 말이죠.

그래서, 강남에 있는 학원에 가서 나이 어린 애들과 섞여서 포토샵을 배웠습니다. 당시 학원선생이나 다른 학원생들의 눈빛에서 저는 '저 사람은 실직해서, 새로운 기술을 배우러 오나보다.'라고 생각하는 것을 읽었습니다. 그 후에도, 동영상편집 프로그램과 유튜브방송 프로그램 등도 배웠습니다.

어떤 기술이 실생활에 필요한 것이라면, 남에게 휘둘리지 않게끔 차라리 내가 배워 버리는 것이 제일 좋은 방법입니다. 그래서, 배우겠다고 결심하면 즉시 배워버리고, 그 배운 것을 저의 실생활에 바로 접목시켜 버립니다. 사용하지 않을 기술이라면 과감히 잘라내고, 내가 필요한 기술만은 꼭 알아 버리는 것이 저의 습성이었던 것이죠.

저는 또 무엇인가를 배우기 시작하면, 원리를 먼저 파악하려고 애를 씁니다. 원리를 파악한 후에는, 눈감고도 반복할 수 있는 매뉴얼을 만들려고 노력합니다. 매뉴얼을 만들면 매번 애를 써서 공부할 필요가 없잖아요.

제가 희망하는 인생은, 매사에 노심초사하지 않고, 한 계단 한 계단 꾸준히 올라가는 것이지 후퇴하는 것이 아닙니다. 경매공부도 마찬가지입니다. 만일 여러분이 작년보다 후퇴했다면, 뭔가 잘못 공부한 겁니다. 생각해보세요. 여러분이 100계단 중 60계단에서 한참을 쉰다고 해서 20계단으로 내려가 있지 않잖아요? 다시 걸어가려고 일어서면 그 계단은 60계단인 겁니다. 맞지요?

우리는 세상에 있는 모든 문화와 기술을 다 배우거나, 습득할 수는 없습니다. 결국 다 배울 수 없다면, 인생은 짧기 때문에 뭔가 상황에 맞게끔 선택하고 손절매를 해야 합니다. 손절매는 과감해야 하고, 그 이유도 분명해야 합니다. 저의 경우엔 돈과 관련되지 않은 경우에는 확실히 집중력이 떨어지는 속성이 있습니다. 하지만, 돈과 관련되었다면 냉정해지고 도전적인 성향이 발현됩니다.

이런 저의 성격이 경매에도 적용되다보니, '경매공부는 실전적으로 해야 한다. 실전에 쓰지 못할 지식은 배울 필요조차 없다.'는 말을 저절로 하게되는 겁니다. 즉시 배우고, 즉시 돈을 벌어야 하는데, 뭘 그리 뺑뺑 돌면서 허송세월하는지, 도무지 이해가 안되는 짓을 하는 사람들이 너무 많습니다.

마치 사자가 사냥감 몰래 접근해서 최대속도로 달려가서 목덜미를 물어버리는 간단한 기술만 연습함으로써 배를 채우는 것과 같습니다. 사자의 달리는 주법이 문제라는 둥, 달리기 전에 준비운동을 해야 한다는 둥 이론적인 공부는 배우면 좋지만, 이것 저것 다하면서 사냥은 언제 할 것인가요?

뭐든! 실전적인 것만 좋아하시기 바랍니다.

적어도 돈을 버는 판에서는 말이죠. 다들 명심하세요!!